中國人的眞面目

連根藤・著

連根藤這個人

——兼評他的新著《中國人的眞面目》

孫明海

連根藤新著，由浜野出版社出版的《中國人的眞面目》，出書以來風評不錯，銷路也不差。我聽到後高興不已，好像是我自己的事似的。

與連兄已有二十多年的友情，這個人的可取，令我羨慕。一言以蔽之，他是稀奇人物。我還未見過這種台灣人，台灣的風土會培養出像他這種人物，令我感到驚奇。

近年來，我寫了各種文章強烈批判中國人，並且，對於日本人，也毫不留情地嚴厲攻擊。但是，對於台灣人，却從未嚴加責備。這絕不是因爲我有所偏愛，也不是像俗語所說「燈台下暗」：由於太親近，以致使我盲目。實在說，對於台灣人，我要批評的地方堆積如山，而且差不多都積在喉口，但是我不想說出口。

從事台灣獨立運動，無論睡著或醒著，台灣社會和那裡芸芸衆生的一切，都不曾片刻離開腦海。近三十年來，我都是處於這種狀態。老實說，在這期間，我對於自己同胞，不知有過幾次想氣、感到可悲。常因其過分的漠不關心、無思想、無氣節而心酸，有時會想到自己爲何必須背負獨立運動的十字架而差不多變成絕望的心情。但是如果說出「台灣人無效了！」則萬事休矣。因爲我自己是台灣人，假使自己否定自己，我就無法活下去了。

老實說，如果將對台灣人的不滿一一列舉出來，那麼在這個「走過來的路」專欄（按：作者於《台灣青年》月刊所闢之專欄），恐怕可寫十遍以上。但是台灣人所帶的悲哀的民族性，差不多都是台灣悲慘歷史運命的產物。心痛地十足明瞭這個事實之下，眞拿不出心情來得意洋洋地指出這個不好、那個也不是，而大加批判。

數百年間，在外來統治者殖民統治之下，台灣人一直不被容許自己事自己做，自己事自己決定；時時刻刻都是畏首畏尾，提心吊膽；看統治者臉色已成本性；好像牛馬，只知按照命令行動，從來未曾思考過人的尊嚴……，這些是台灣的多數派。誰有資格或權利對這些人鞭打？我能做得到的，只有呼籲「此時此刻，一起站起來吧！」而已。

剛才曾說過「偏愛」的話。從字裡行間可知，我或許帶有相當的偏愛。

言歸正傳，我想說的是連根藤這個人具有奇異的魅力。看他時，會令人感到台灣人並非被棄之如敝屣，會令人湧現民族的自信，對精神衛生有很好的效果。台灣人身上常見的通病，他恰到好處地沒被感染。相反的，台灣人身上少見的美德，他具備很多。他的爲人簡直可以說，有如我們通常在腦裡想像的台灣人形象之底片的反印正像。

連兄爲人正直得幾乎可以在其上加上「馬鹿」二字。他沒有眞心和架式之分，也沒有假裝和誇耀。他憤怒時眞正憤怒，他歡喜時眞正歡喜。連兄是無限量善意的人，看人有困難時，就放下自己的事務爲人奔走。自己勵行極樸素的生活，却能給困難的留學生提供獎學金。獨立運動的鬥士從台灣來訪時，連兄也從不太豐富的錢包中捐出金錢。

連兄是全無私心的人。他不要錢、不要名譽、也不要地位（他是京都大學專攻航空工程的工學博士），他一心一意願望的是台灣的獨立和自由。在家中，他是一位親愛的丈夫、爲子女操心的父親。

另一方面，連兄是個反骨極強的人。事關他個人時，他眞是客氣、謙虛；但是，事關台灣人的政治權利和基本人權諸問題時，他的態度即刻改變。當他感到台灣人的權利被侵害時，他即起而反擊——不管對手是誰，不管在什麼場合，都無法阻止他。他不是雄辯，不如說是木訥寡言的人，但是在這種情形下，他會全身怒火以赴。也就是因爲他無私心，所以他憤怒的發言，呈現一種浩銳之氣。只有眞正有骨氣、大公無私的人才具有這種浩鋭之氣。他的憤怒，甚至具有一種倫理道德，讓人看了會產生敬慕之情。這種道德勇氣，也就是台灣人最需要，也是最缺少的要素。

連兄有一個和這個有關係的有名小故事，那是一九七三年十月十日的事。這一天是國民黨的建國紀念日，又稱「雙十節」。歷年來，國民黨在日本也大大慶祝「雙十節」。早先兩年（一九七一年），國民黨政權被趕出聯合國，而先此一年（一九七二年），也剛是日本棄台北換北京之際。國民黨爲了面子，必須在這個慶祝典禮上，比往年更加虛張聲勢。他們命令盡量向各地「華僑」和留學生動員出席慶祝會。

關西的慶祝宴會於同日下午六點三十分在大阪市西梅田的「大東洋」舉行。參加者約一百五十人，其中大部分是受國民黨的壓力或爲白吃等理由而前往的留學生。當酒興到達高潮時，有兩個學生跑到主席台，將掛在壁上的國民黨青天白日旗拉下來，撕破，並丟在地上。

當時，畏懼國民黨特務淫威的留學生，對於這個突如其來的舉動，一瞬間來不及喘氣而肅靜下來，但是過了片刻，即開始拍掌相應。

這兩位勇敢的學生，一個就是連兄，當時正在京都大學研究所博士班在學中。另一個是在京都府立大學研究所讀書的林登達（不幸數年後病逝）。這個就是在當年全世界台灣留學生界轟動一時的「撕毀國民黨旗事件」。如果考慮當時台灣留學生一般所處的萎縮心理狀態而言，這個正是一個破天荒的革命創舉。

最近在台灣常發生「青天白日旗」被燒、蔣介石銅像被毀事件，這種革命行動的本家元祖正是連兄也。

連兄一面雖是技術者，但也是具有淵博歷史素養和明確哲學觀與洞察力的智識分子。由於具備這些條件，使他能夠寫出《中國人的眞面目》這本書。讀者當能受教於其嶄新的觀點和獨特的思想而獲益匪淺。總而言之，文中表現的每一事實，連兄的面目躍躍如畫，眞是精彩。俗言「文如其人」，這是一本非連兄無法寫出的好書。這本書，無論如何要鼓勵您一讀。

（孫明海現爲《台灣青年》發行人、東理大教授）

自序

最近，日本人對中國的印象有很大的轉變，原來日本人總是籠罩在「大國、遼濶的土地、四千年文化、心胸寬大的人民」等美麗的幻象中。自從日本與中國恢復邦交十幾年來，長期滯留中國的日本留學生以及商社駐在員也不斷增加，然而令人意外的，從這些由中國回來的日本人口中，聽到最多的竟是對中國的批評與惡言，以及對「心胸寬大的人民」的失望感。

不僅如此，日本還有許多從中國歸國的「孤兒」，已開始在日本生活；同時，中國實施開放政策後，超過一萬人的中國留學生來日本；目前是NIES一員的台灣，在日本也有數千名的留學生。第二次世界大戰後，中國人與日本人因一海之隔，彼此遠離居住，甚少往來。沒想到，近來中國人與日本人得以生活在同一條街，住在同一棟公寓，在同一個公司、學校比鄰而坐，一起工作或一起上課。

從那些日本人口中，經常可以聽到「中國人眞是難以了解」、「眞搞不懂中國人」。連對戰後「革命中國」懷有憧憬、期待的日本人，都不禁有這種感慨。由於戰後日本對中國和台灣的侵略及殖民地統治之反省，促使日本人對於中國產生「贖罪意識」，尤其對「革命中國」懷有強烈的幻想。但是，與中國人實際交往之後，才發現事實有如幻想般遙不可及，失望也就隨之而來。

五〇年代及六〇年代的中國，遠遠地存在，只有一絲印象留在日本人的腦海中。對於中國的知識也僅由書本中得來。如今，與同一條街、同一棟公寓、同一公司、同學的中國人接觸的日本人，彼此因迥異的生活習慣、文化的摩擦，勉勉強強生活在一起。原先對日本人而言，來自遼闊國度、有著寬大胸懷的人們，一下子變成「搞不懂」的存在。「爲什麼那般自私自利？」、「爲什麼把廁所弄得那麼髒？」、「爲什麼那樣會計較？那麼厚顏無恥？」等等；日本人對中國人的不滿、疑問眞是不勝枚舉。

然而，倘若不了解中國文化的根本，則無論問幾次「爲什麼」或「怎麼回事」，仍然無法明白怎麼回事。日本人若一廂情願的鑽牛角尖或帶著幻想，則對於眼前的中國人只有生悶氣的分了。因此，唯有將自己冷靜下來，用冷靜的眼睛理解形成中國文化根源的中華思想，把握中國的歷史動態，以及理解其法則，此外，別無其他可行之道。

連根藤

目次

第二章　不信任帶來不負責和無力感　053

第1章

中國的病根——中華思想

以漢民族爲中心的大一統思想

了解中國之前，必定要先了解什麼是中華思想。

所謂中華思想，絕不能將之誤解爲速食麵廣告，認爲那即是中國四千年來文化的菁華。其實，漢民族中心主義的思想，或以漢民族爲中心的大一統思想，才是中華思想。這種思想即是中國人以自己爲中心的世界觀，將世界統合爲一的天下大一統、世界大同的觀念。

「天下最終合而爲一」（編按：梁襄王問孟子：「天下惡乎定？」孟子答：「定於一」）要如何實現呢？那非依序漸進不可。換句話說，如何儘量將鄰近的民族加以同化，最後全部使其漢化，遵從中華思想之中心的儒教，這是相當重要的。

漢化過程中，最重要的是統一文字，倘若大家都使用漢字、採用漢民族文化，則都會變成自己人了。

漢民族爲「華」，周邊少數民族爲「夷」

簡單的說，在正中央的是中華，在周圍的是少數民族；而在互相對立當中，結果中華擴張出去。向外擴張時，漢民族一直是同心圓的中心，因此漢民族爲「華」，周邊的少數民族是爲「夷」。夷即是不服從、難纏的野蠻人。

其實這是極獨斷、自私的看法。如前面所說，大一統或世界大同的字眼，意即爲世界合一，也就是以自己爲中心的漢民族膨脹主義。

王朝自稱爲天朝，皇帝自稱爲天子。既爲天子，則地上的任何東西皆爲天子所有，天下悉數爲王朝的領土，所有的皆屬王朝，「普天之下，莫非王土；率土之濱，莫非王臣」即是這個意思。這即是中華思想，一旦成爲天子，天下的土地盡爲王朝所有，領土上的人民亦全爲自己的臣民；這正是與獨霸世界有關的膨脹主義之一，而中華思想即是以這種膨脹主義爲根據。

天無二日——只有絕對的權力才是權力

爲什麼會產生這種獨善的思想呢？歸根究柢是由中國人的歷史和文化而來。

因爲這與絕對權力的產生有密切的關係，中國人追求絕對性，即使是權力亦追求絕對的權力。兩個人決戰時，絕對沒有五十一對四十九的可能，因爲這樣不能辨別勝負。中國人的想法認爲必定要是九九・九對○・一，才能決定勝負。如同「天無二日」般，在最後的決鬥中只能留下一人，這是不能妥協的，爲了決定最後勝負，只好纏鬥下去。

中庸、王道是什麼

上述的說法，或許令某些日本人要問：「中國不是有所謂的中庸精神嗎？」，「以中庸精神爲基礎的王道政治，不是相當理想嗎？」確實有人爲中國文化辯護。自古以來，被中國人蔑稱爲東夷的日本人，竟然還會出現這種爲中國辯護的人，可見中華思想的影響之廣大深遠。

關於中庸之說，以後再慢慢分析(見一三二頁)，在此先說明王道。

王道是強制的漢化

中國有所謂的霸道與王道，認爲自己是實踐王道，自己以外皆爲霸道。所謂王道是指，自己的文化比他人更優秀，不但是道德的，而且還是非暴力的，也就是文治主義。因爲鄰國無文化所以教導他們，而這即是王道的擴張、強制性的漢化思想，這是標準的中華思想。中國人還認爲王道是最高的理念，其表現方式是除了漢民族之外，全部以加了獸犬邊的名稱呼之。

強制性的教化，倒底是樂於照顧？還是好管閒事？其實是過度的自我使命感在作祟。原本中華思想即包含有正面的使命感，但因過度強調使命感則變爲強制，反而招致極大的反感。自己若是在安定的狀態下被教導還可以接受，若自己是在惡劣狀態之下受教，這對鄰國而言是非常窘困、可憐。

對於鄰近民族而言，勉強教以向漢民族同化的道具——漢字與缺少「民道」的文化，眞是無可忍受。所謂「民道」是筆者的創造語，筆者用來指中國儒家之一的孟子，他所說的「民爲貴，社稷次之，君爲輕」的思想。

中國雖有類似「君輕民貴」的思想，但並未能實踐，因爲在王朝時代，並未具備實踐的社會條件。民道爲民主主義的理念與實踐，中國雖有其思想，但實踐上卻完全未開始。所以，中國人僅止於王道，未至民道，這即是中國無法實現民主主義的原因，亦是中國歷史的特徵。

不承認落伍的愛面子主義

中國人對外是相當注重面子的，爲什麼愛面子呢？因爲，當前中國的地位在世界上很低，與從前比起來更是低落。假如能坦誠承認這項事實還好，但是中國人絕不承認。這全是中華思想在作祟，仍然認爲自己是世界的中心，還在看不起越南、西藏等國。

中國人是死不認錯的，絕不承認自己有半點錯誤，失敗也絕非本身之故。因此，至今不承認自己國家地位低落。總認爲，在長遠的歷史中，現今雖然落伍，但有朝一日將會迎頭趕上。以日中關係而言，中國人就有目前雖無力，但未來將稱霸世界……等想法。

當然，有人知道不可能，但絕大多數的人不知道。全盤知道緣故者，企圖力謀振作，但令人不解的是，無論誰拚命想振衰起弊，都會被指爲笨瓜才會做那種事，於是一股作氣的力量無法發揮，而陷於無可救藥的狀態。這就是中國的現實。

賜予前代望族的姓來同化的詐術

將周圍少數民族加以漢民族化，稱之爲漢化，漢化的詐術之一是賜姓，龐大官僚掌握其中要領。譬如，過去漢民族統治少數民族時，當地負責戶籍造册的官僚，即會給那些少數民族加以「苗字」，亦即賜予漢姓。

像原住民等，他們原沒有漢姓，官僚卻任意賜他們陳姓或李姓，並在戶籍上偷偷記載其祖先就是中國的望族，祖籍就在中原，可讓被同化的人向中國找根。其實這些記載，本人完全不知道。

例如，由印尼莫洛台島回來的原住民出身的舊日本軍人中村輝夫（本名斯尼翁），就是在本人全然不知的情況下，被取了個李光輝的中國名字。突然變成陳某人、李某人的第一代，雖然對自己的姓有些迷惑，但是平常仍使用著原來名字，也就不太追究了。

但是到了第二代時，爲了就職考試領取戶籍謄本時，才發現自己的祖先竟是中國某位了不起皇帝的親戚。血緣竟能細密地牽扯那麼遠，於是就說：「我的祖先原來是那麼了不起！」自己是漢民族的意識於焉誕生。

在這種情況下，第二代有九十％會被漢化，至第三代時已相當能接受「我的祖先很了不起」的漢民族思想。至於其子孫，亦在不知不覺中，變得比漢民族更漢民族，漢化程度也愈來愈深。

這正是巧妙的漢民族式統治，香港等亦如此被漢化。香港人原本並非漢民族，福建、廣東以及台灣都同樣不是漢民族。意外的是，不是漢民族的人竟然比漢民族更漢民族。談到「台灣獨立」，最先反對的是香港人，直截了當的說：「不行！」，問他「爲什麼不行」時，則回答說：「你們這麼做不是背祖的行爲嗎？」筆者再次強調，他們的祖先絕不是漢民族，算是被同化的漢民族。這些周圍被漢化的少數民族，不知不覺中，比實際的漢民族更加漢民族化、中國化。

僅算是「漢字族」的漢民族

事實上，如今的中國，純粹的漢民族已不存在，幾乎皆是混合的民族。若說漢民族，還不如稱「漢字族」要來得恰當。

漢民族是不存在的，如果有，那只有「漢字族」。現在，中國除了標準語（普通話）之外，還有上海話、廣東話、福建話、客家話等方言。雖然上述語言被稱爲方言，但彼此之間幾乎完全不相通。例如現在中國標準語的北京官話與福建話之間的差異，竟然比英語與德語相差還遠；而且在福建話當中，以廈門爲中心的閩南話與福州爲中心的閩北話之

逐漸漢化的少數民族

問，彼此也是不通。

彼此說著完全不同的語言，竟被誤以為大家同樣都說著中國話，這眞是奇怪的事。就體貌而言，身長最高大的北方人，與怎麼看都是中南半島系的臉龐、身材的廣東人，有非常大的差異。但是，他們以為是同屬一個民族，原因是有漢字的存在，只要寫漢字便能相通的緣故。簡單的說，他們誤信使用漢字的人為同一個民族。

所謂的漢民族，正是隨便的稱呼，中國人把「漢字族」稱之為漢民族而已。

最先稱漢民族的人，是傳說中的黃帝，而且漢民族皆為黃帝之子孫。顯然這種說法是矛盾的，若是漢民族皆為黃帝子孫，那麼黃帝的敵人、部下之子孫又如何呢？這個問題有許多疑點，只要掌握這項理論開端的矛盾，則立刻會發現其怪異。

台灣的作家李敖曾說：「我是黃帝的敵人蚩尤的子孫，我不是黃帝的子孫。」如此主張，並無任何證據，但心情上不認爲自己是漢民族的人，反對「黃帝子孫」的理論。當然，中國人是無法容忍這種主張的。

若依照前述「華」與「夷」的世界區分法，黃帝是中華世界的聖帝，而自己正是那聖帝的子孫，但原本應位居世界中心的聖帝之孫，並不是時常都能贏得戰爭，反而戰敗的情況較多，但是在本身戰敗時，卻巧妙地不提這些事。

世界上並不是一直以漢民族爲中心，被人欺侮時絕對不提，但勝利時則以本身勝利時的資料爲中心來主張，說這個、那個是漢民族的功勞。這即是要「一統天下」的中華思想之精髓，因爲在本身打敗仗時，無論怎麼說，如果被指責「你還不是老是輸」，那麼即無法坐穩中心的位置。

少數民族面臨被同化的危機

當今，在中國十一億多的人口中，大約有九十四%是漢民族，有六%是其餘的少數民族。一九八二年的人口統計中，少數民族的人口有六七二三萬人，約佔全人口的六・七%。雖說佔六%強，且人口亦達六千七百萬人以上，但在中國這不算什麼大數字，就是再多的少數民族，在中國極長的同化過程中，亦終將會被同化的。

對少數民族而言，這其實是不妙的過程，雖然目前是少數民族，但將會被漢民族所同化。惟長期拒絕同化的苗族，對自己固有文化感到驕傲，這種迴避同化正是少數民族的自我認同意識。

然而迴避同化相當困難，隨著時間的經過，族類逐漸減少，少數民族絕不可能增加。因爲增加的部分正逐漸被漢化，就像滿族一樣，大部分被同化了。

因爲背負著這樣的命運，少數民族對於漢民族，不僅感到極大的不安，且對漢民族對這個問題的不在乎態度也很不滿。蒙古族、藏族、維吾兒族等，古來就是在邊疆過著祖先傳來的生活方式的少數民族，正面臨被同化的危機。

征服後強迫使用漢字的招數

中國人由一億數千萬人，四億人，八億人到現在的十二億人口，其中有九十%是漢民族，是被漢化的結果。因爲大家都使用漢字，所以變成「漢字族」。儘管被漢化，但語言仍互不相通，因此，漢民族的文化只是文字的文化。日本是沒有「漢字族」的概念的，本書的目的即是要解釋這個概念。

漢化中最好的道具是漢字，中國人認爲使用漢字的民族、人種、少數民族，皆受到他們文化的影響，因此是他們的臣民，是漢民族的一個分支。漢民族對於他們的態度是「你們使用老子的文化，當然要付使用費」。在某種意義上，是強求專利使用費。像越南等國，因長期深入學習中國文化，如果不乖乖聽中國的話，絕不會被放過，將受到懲罰，或因此引起種種問題。從征服一個少數民族後，令其使用漢字，再行賜姓，使他們全部變成漢民族的這個中國文化大一統的思想來看，是極其自然的事。

中國沒有民族的概念，如果有也只是種族，或人種差別主義(Racism)，「同文同種」就是這個意思。人種差別主義又稱爲人種主義，在英語當中是非常壞的用語。其實中國只有種族觀念，因此漢民族所推動的政策雖說是民族主義，倒不如說是種族主義。

到中國留學的日本人異口同聲指出，中國有人種差別。學校依人種分班級，而且有差別待遇，其中最受優遇的是白人，其次是包括日本人、歐美華僑在內的東洋系人，最受歧視的是黑人。儘管北京政府曾大聲疾呼，提倡亞洲與非洲的連帶關係，但仍無法影響中國人根深柢固的種族主義偏見。

昂貴的漢字「專利使用費」

一旦使用漢字，則不能任意廢除漢字，越南就是很好的例子。越南原來使用漢字，後來又廢除漢字使用自己創造的文字——「字喃」，其後又採用羅馬拼音。中國人對其任意廢除漢字極爲憤怒。

朝鮮創造了朝鮮字母時，也有同樣的遭遇，南北韓在使用該字母時，也曾引起中國人極端不愉快。因爲，凡是使用漢字即是中國的屬下，有如對待自己的附屬國般具有強制力，好像就必須支付「專利使用費」。如果說支付了就可得到保護，那還好，事實上不然，反而增加更多的麻煩。

某日本企業在對中國整廠輸出時，曾對附帶的技術供應要求支付技術指導費，但中國方面反駁說：「從前，中國教導日本文字、律令時，收取了傳授費了嗎？還不是慷慨的教導了。」具有光榮歷史的中華帝國子孫，大約對周圍各民族都抱著這種想法吧。

現在，日本的國力強盛，雖然中國方面並未強烈索求，但中國人認爲日本是學習中國文化的徒弟，無論如何，中國將會迎頭趕上日本的。

中國人向日本人說：「日本人是徐福的子孫，算是我們的一支族，如今雖然稍稍領先，但也沒什麼了不起。」所謂徐福，是奏始皇令其赴東海找尋長生不老靈藥的傳說人物，傳聞是第一位赴日本的中國人。中國人似乎都認爲，只要用故事就能說得通。

漢字是硬體，卓越的軟體是日本人的傑作

看了筆者的這些話，說不定還會有日本人認眞地想要支付「專利使用費」給中國人。事實上，漢字只是一種硬體，重要的是，軟體才能使之活用，賦予生命力。

背記漢字很困難，只有少數人背得起來；因此記得漢字的人了不起，記不得的人是下賤。使用漢字來記載秘密很方便，但是以此做爲統治的工具，這種想法卻不該有。

能克服漢字的困難，自由使用的少數者，踩在不識字民衆的頭上發號施令，這就是漢字族的統治系統。

文字本身即有創造性，爲了解放人們的思考，爲了釋出自由的思考，將文字所具有的創造性引出來，是相當重要的。

例如，我們且看「自由」這個字眼，它是由Freedom 翻譯過來的，將它翻譯成自由的並不是中國人，而是日本人。創設慶應大學的福澤諭吉，於幾經思慮之後，決定將之譯成「自由」。

「哲學」一辭亦是日本人所創造的，此外還有很多用語都是，譬如「歷史」亦是。也許有人會覺得意外，何以歷史之國的中國，竟沒有「歷史」這個用詞。原來中國語中只有「史」這個字，「史」於書寫時還好，一旦說出時，同音異字過多，非常不便。

中國語算是書寫用的文字，可能適用於文字上的學問，但使用在口頭交談和傳播學問時，會有許多不方便之處。將之「軟體化」，做成易懂的口語的是日本人，日本學者將兩個漢字做成一組，創造了新含意的片語，表現了高超的漢字造語能力。

日本人創造了經濟、歷史、自由等用語

話說日本明治維新，當時日本爲實現近代化，由國外吸收各種新知，當然就非學習外國語不可，最先還必須製作外國語辭典。像在製作英和辭典時，如何將哲學的Philosophy與自由的Freedom 兩用語加以適切的譯名，確實花費了一番苦心。

當時的日本知識分子，使用日本人已習慣的漢字，組合成新的詞彙，創造出新的譯語。在這項造語工程中，他們運用了所能把握的全部漢字，絞盡了腦汁才創造出來；其實這些工作，中國根本還沒做。日本人做出了英和辭典和德和字典，經過五十年、一百年之後，中國人才做出了英漢辭典。

當時，中國對於各種辭彙的譯名曾參考日本辭典，大量吸取日本人所創的新辭彙。日本明治維新之時，中國仍在滿清的統治之下，懂英語的人少之又少。因此，辭典的編纂，落後了很久才開始。中國在製作英漢辭典時，曾大量採用「經濟」、「歷史」、「自由」等用辭。現在，中國雖然以一付社會主義本家自居，其實社會主義、社會學的用語幾乎都由日本進口。

造語及新概念的創造，是屬於軟體的問題；硬體再怎麼優良，軟體若不精銳，就無法再生出新的生命，也無法充分應用，一不小心還可能引起發展停滯。

從前寫文章時，都不用句讀，任漢字不斷地排著，這是多麼僵硬的硬體。當加上標點符號，加以句讀化之後，即是軟體化的第一步。即使如此，仍無法單憑讀出文章，就能聽懂文意，因爲中文發音少，很多同音異字，很難傳達準確的概念。解決這種難題的是日本人。他們藉著漢字的組合，充分地傳達了含意。像「史」的情形，與「歷史」相對照下，即容易了解。目前，經常使用的重要雙字漢語組合的概念，百分之九十是日本人所創造。這個情況至戰前爲止，都是如此。

中國人也學習翻譯，但所翻譯的辭彙中，像「護士」與「女士」等，兩者皆爲女性，竟然用指稱男性的用語「士」，可說是錯誤的。

改成片假名之後使中國無法抄襲

戰後，上述的狀況起了很大的變化，戰後因科學的進步神速，各種名詞，譬如化學元素、化合物、藥品、機械裝置等的名稱，急遽的增加，並蜂擁傳入日本。日本的學者發現用漢字表達這些東西，可能相當困難，於是改用片假名拼音。片假名是一種非常便利的文字，中國因爲沒有像片假名之類的文字，所以無論任何用語都要以四方形文字表達。

戰前，台灣與中國使用相同的辭彙，兩者同樣接受日本的影響。當然，當時日本人仍把百分之九十的外來語，用漢字表達出來。戰後，日本人放棄了這種方法，使用片假名音譯外來語。

如此即出現了難題，原本中國與台灣想參考日本，不料日本採用新方法，以至於無法模仿。又由於中國和台灣文化環境迥異，翻譯工作亦各自想辦法，分別任意取個名稱，香港亦偶爾譯出截然不同的名稱，彼此很容易搞混。

例如Laser，中國譯爲「激光」，台灣則譯爲「雷射」，中國以物性加以意譯，台灣則兼具音義。不知道的人，很容易錯解。造成這種情形，主要是由於進步的日本不再採用漢字翻譯新名詞，以至於兩邊都無法加以抄襲。又像Program這個字，中國譯爲「程序」，台灣則譯爲「程式」，無論是哪一個，皆不能呈現該字的概念，這種翻譯易引起誤解。

由此可見，從明治維新到戰前，中國受日本助益良多，但中國人並不承認，因爲他們本身並不知道受益，若是知道了應該會承認的才對。

滿清統治數百倍漢人的技倆

漢字的賜姓以及律令等，這些統治的技倆，中國具有十足的累積經驗，曾經統治漢民族的清朝，在這一點上亦深具手腕。推翻明朝統一中國的清朝是滿族的王朝，由於是少數民族統治有其數百倍之多的漢民族，因此其民族政策的功夫顯出十分擅長。

清朝統治者將蒙古人視同自己的族類，避免彼此發生敵對，這即是孤立漢民族的策略。明朝時統治者是漢民族，爲推翻明朝，各種少數民族因而攜手，加以包圍，終於打倒明朝。清朝與蒙古人的元朝時代不同，並未對漢民族進行清算，反而不忘善加利用中國人的士大夫(知識分子)。中國的知識分子認爲，若自己能有官做，誰當統治者都一樣，因此相當願意接受懷柔，另一方面，士大夫的政策亦獲得清廷採用。

因爲要統治中國人，當然亦非利用中國人不可，這亦是清朝了不起之處。譬如，攏絡漢民族的知識分子整理中國文化這項龐大工程——辭典之大成的《康熙字典》，及中國最大的叢書《四庫全書》等的編纂，可謂從事一項偉大的文化事業。就因如此，士大夫忙碌於事業，無暇去反政府，一流的文人已被整理工作纏身，同時蒙古和西藏也與清朝聯手。

在這一點上，日本未能學得其眞昧，或者說日本未學通清國統治中國的技倆，才會遭到失敗。當時，日本對清國的歷史恐怕並未加以深入研究。

國民黨與共產黨的民族政策之差異

西藏與蒙古原本皆不是明朝的屬國，各自是獨立的國家；清朝被滅了之後，他們應該是可以恢復獨立，但其後由於中國的民族政策一再改變，致使不能獨立。當時革命的最高指導者孫文，曾爲了該包容他們，還是排除他們，而極爲苦惱。孫文曾一度要把漢、滿、蒙、回、藏五族組成一個共和國，但其後辛亥革命蜂起，一旦建立了標榜五族共和的中華民國以後即變質。強制同化少數民族、消滅其文化的意見，獲得革命派人士壓倒性的支持。

不久，進入中國共產黨與國民黨對立的時代，與國民黨相比，共產黨採取較緩和的民族政策，當時少數民族成爲雙方爭取的對象。結果，因共產黨採取較有利的民族政策，少數民族的民心一致朝向共產黨。然而，無論國民黨或共產黨，他們絕不會輕易放過少數民族，過了河即拆橋，少數民族顯出強烈的反抗態度時，必定會遭到各種刁難和鎮壓。

原本就無邊疆亦無國境線

關於這一點，中國的右派與左派並無不同，在中國即使屬於相當自由的學生，亦會毫無顧忌的說：「邊疆地區住著藏族、維吾兒族等少數民族，不僅對國防不方便，對我們也會造成威脅。」

事實上，地面上並沒有勢力範圍的疆界，亦不存在著所謂國境線的特殊標誌。目前，居住在中國與蘇聯、印度，緬甸、越南等國境附近的遊牧民族及狩獵民族，原本是可以互相自由來往的。未料，突然於某日，竟不能越過國境線的那一邊，被威脅假若擅自前往則視同蘇聯或越南的特務。即使對面住著親戚、表兄弟、青梅竹馬朋友，亦不能稍有通融。

由於蘇聯、越南亦採取同樣的對策，因此即使順利逃往對面，情況亦不會有所改變。其實，造成問題的並不是少數民族，而是在少數民族地區中央劃下國境線的「大民族」，但「大民族」卻一點也未反省。

當前，西藏在國際引起相當大的問題，不僅外國人對西藏問題無能爲力，北京政府對西藏亦相當傷神。一九八八年九月，朝日電視台的新聞節目中，主持人久米宏報導了在印度的西藏難民的獨立運動，但翌日竟於同一節目中，做了一百八十度的「更正」與「道歉」，指出西藏是「中國固有的領土」，以及因達賴喇嘛的流亡引起的一九五九年西藏「叛亂」，是一種封建領主的「叛亂」。上述的更正，朝日電視台並未提出任何的根據、任何的評述。不用說，中國北京政府絕不允許日本大衆傳播媒體做這樣的報導，若有任何違逆其意之處，即會無所不用其極向對方施加壓力。

西藏是中國固有領土的說法，是中國絕不讓步的大前提，電視台竟不察，好意介紹高唱獨立的西藏流亡人士動向，這引起中國方面的震怒，久米宏不得不聽從指示。或許，久米宏該向朝日電視台辭職表示抗議，但結果他忍從息事，而這些內幕在日本的新聞界並未多加報導。

日本新聞不敢刊載眞相，是因爲日本新聞媒體在中國有不少的特派員，無論如何不能招惹中國，一旦惹毛了中國，立刻會遭到壓力，屆時連特派員的駐在都成問題，而且將是血本無歸，也因此日本人一再對中國低聲下氣。結果，在日本對這件事情有所報導的，也僅止於週刊雜誌而已。

中華思想與鄰近諸國難以相處

不僅是少數民族政策有問題，中國與鄰國的關係亦不和諧，中國向來無法與其他國家維持友好關係。無論韓國或日本，有許多「中國糞比較香」的人對中國懷有很強的憧憬；雖然如此，很奇怪的是，國家間的關係卻搞不好。對中國而言，過度給予鄰國援助，令鄰國因此強盛起來，反倒成為攻打本國的隱憂。

對於鄰國而言，因為與中國國境接連而產生不安。國境線本來就是不明確的東西，而且中國還一直說他們的祖先應該是住在更遠的地方。他們認為中國目前貧弱，現在就決定國境線一定會不利，就如本來與中國無關的釣魚台群島般，因中國及香港學生高唱日本人滾回去的運動，其後鄧小平上台，表明了這個問題將留給子孫解決。換句話說，就是把目前未能解決的問題凍結，等中國強大起來之後自然會解決。

等它個幾百年、幾千年，是中國人的想法，認為結果會在曖昧的情況下變成中國的一部分。在不觸及歸屬於誰的情況下，有如將一個不知何時會爆炸的炸彈放在腋下。這樣的中國自然很難與鄰國相處得好，但這就是中國的做法。

採取這種曖昧做法，不可能與鄰國做好關係，只會到處與鄰國對立。中國曾經與蘇聯、越南關係親密，但很快的即出現裂痕，目前表面上與中國友好的北韓，也因國境問題與之發生矛盾，只是對立尚未表面化而已。

中國與蘇聯的國境線非常長，在雙方的領土問題中，中國主張其有一五〇到一六〇萬平方公里（日本面積的四·五倍）被蘇聯所佔領。在中國革命十年之後，中蘇終於發生了領土論爭，即使今後雙方的想法再度接近，但由於雙方連接的國境線過長，國土紛爭也就無法輕易的解決，恐怕今後只有繼續鬥爭下去。

總而言之，中國人的中華思想，是具有「擴張王道」的使命感，這樣就與自認共產主義陣營盟主的蘇聯（編按：蘇聯共產帝國於一九九二年一月一日瓦解）之間，怎麼也無法平心靜氣的坐下來談問題；中國人一提「你們的土地是老子祖先的領地」時，則可以無限地的追溯下去。中國人是一個講究過去的民族，因爲那可以重溫過去輝煌的時代，但這樣即無法與鄰近諸國友好合作；對鄰諸國而言，與中國爲鄰眞是倒了八輩子楣了。

流民打天下，擴張版圖

在台灣，國中一年級的中國古史版圖只限於黃河的中下游；但是到二年級的中世紀版圖，已膨脹到長江以南；國三的中國近代史，又再次深入膨脹到「化外之地」。這個現象充分實現了中國的膨脹性格，和中國文化的膨脹主義，其實是以中國的流民，亦即難民做爲開路先鋒。以流民來擴張「華」的世界，對日本人有點難以想像，在此需要進一步說明。

流民即難民，在中國的歷史中每於王朝末期發生大混亂，隨之產生龐大的難民。這些難民不斷向「天下」擴散，不斷地開疆拓土。其中也出現了取得天下的事蹟，也就是難民打天下。中國正規軍雖然可怕，但是比中國軍隊更可怕的是殘兵敗將與難民。當中國軍隊攻打過來時，因裝備差、士氣低，並沒有有什麼可怕。但是當一群飢餓的人民及如喪家之犬的敗兵敗卒，一下子攻進來時，土地就被佔去了。

古時所謂的中國，是指現在的河南省、山西省、陝西省，一般稱該地區爲中原，這種不知不覺地逐漸擴大，無止盡的膨脹開來的現象，即是流民取天下，亦即中華世界的疆土開拓方式。

向外擴張的難民是「華」的尖兵

這個就是中華帝國的本質，也是「華」體制的擴張原則，其中的中華思想算是中國膨脹主義的結晶；「華」世界發祥地的中原原本只是黃河中、下游周邊文明的中心地而已，但後來該地環境惡化發生饑荒，只得逐漸向周圍擴張，終於將住在周圍的「夷」加以併呑和同化。

像這樣向外擴張的「華」之尖兵，其實就是難民。他們被迫出走中原，並向四周逃出，同時成爲他們時代的先鋒部隊，將天下擴展開，甚至取得天下。不但如此，他們將所吸收的中國文化，特別是將儒教文化逐步向外擴散。其中被驅逐，或與其一同居住下來的少數民族之祖先，其後不是慢慢向後撤退，就是被殺害或遭到同化，終於陷於民族生存的危機。

例如，在電視中所見到的終戰後遺留在中國的日本孤兒，百分之百遭到同化，爲了在殘酷的中國社會中生活，他們學會了隨著環境改變習性，帶有保護色適應求生。久而久之，完全失去日裔的族性。

像這樣流民取天下的中華擴張原則，算是獨創性的思想。就是這種擴張原則，才得以令居於中原的小中國(華)，不斷的壯大開來。所以，相反的，每於大亂發生時，中國反而得到好處，因此沒有人認爲這個方法有何不好，反而認爲這個方法是妙方。

被清朝統治了將近三百年的中國，最後得到全部的清國土地遺產，這是標準的中國功夫，等它個一百年、二百年……的想法，認爲只要最終得到好處即可，這即是中國固有的「臥薪嘗膽」、「捲土重來」的想法。

逃難的深層含意——另一種形式的膨脹主義

無論流民或難民，都包含大量的下層階級，不僅如此，只要一度發生饑饉，一次發生十萬、一百萬的流民是一點也不稀奇。所以，無論任何時代，皆會預知未來必有爭先逃難者的存在。

譬如，一九九七年香港歸還之前，許多香港的有錢人已做好逃跑的準備。另外，也有人甚至已預測中國的威脅，而由台灣逃出。中國人到歐美留學的幾乎皆爲高幹子弟，據說其中只有七成返回中國，也就是說剩下的三成仍留在歐美，這亦是一種難民。對於中國的高幹而言，雖然子女不回來對眼前不太好，但能在歐美有個家族，在先進國家能有個家族的分家，實在也不壞。

這種可以預見將來的逃難方式，完全是中國人精打細算的做法；其實這種逃難方式還不算什麼，對中國而言如此紳士的做風，實不如從前制霸世界般的逃難兼擴張疆土的方法。甚至也不如古巴將犯罪者、惡德分子流放到佛羅里達般的高明。

像從前一樣，王朝倒台時，攜帶著如喪家之犬的敗軍士卒、家族逃亡。人在逃難時，總是最大膽的，無論如何總會拚命的活下去；他們闖入少數民族的小王國，盜取財物，殺害人民，最後成了該民族的國王。這種時候，流民被稱之爲開拓者，簡直像衝入的洪水般，反覆不斷以武力將中原周圍的少數民族擊倒，中國人的天下當然擴大了。

中國的膨脹主義是具有殺傷力的典型。十年前，中國與越南發生戰爭，懲戒不聽話的越南，在古時稱之爲王朝的戰爭。只要大王朝不斷的派兵攻打，越南一國無論如何抵擋不住的，萬一這又引起中國內部的大亂，被迫向外逃難的難民，也可讓十個越南撐不住，就像雪崩般湧入國境的人數，令軍隊不知如何是好，戰車也只得陷於停擺。

也許，讀者當中有人認爲，這只是筆者的癡夢之言，不以爲然。但在十年前中越戰爭時，由中國東北地方（舊滿州）回日的某位日本華僑，在憤懣難洩的情況下透露越南華僑遭越南趕走的情形。他出生於中國、在中國完成中學的學業才回日本，與當時的中國人一般，曾受過蘇聯的壓迫，但中國人如今卻又遭越南人欺壓而不滿，他一付無辜的神情說：「中國人大舉幾千萬幾億人湧到國境，有什麼大不了，是蘇聯的國境還是越南的國境都無所謂，幾億人一齊到達國境，只要說一聲讓老子過去，誰也不能怎麼樣。」

一九四九年，在中國內戰中完全失敗的國民黨政權，帶著殘敗兵力及其眷屬一五〇萬，攜著槍劍闖入台灣，將曾是「夷」的台灣，併吞爲中國的疆土，這即是中華膨脹主義活生生的例子。台灣不幸再度捲入「華」的世界中。

葉公好龍的故事和香港開疆模式

古時候，有一個人名叫葉公，他很喜歡龍，每天談龍、夢龍、畫龍。他畫了一輩子龍，每天在書房裡畫龍欣賞、愈畫愈像，終於產生強烈的希望，熱望要一見龍的眞面目。葉公好龍的消息，不久就傳到龍那裡去了。龍王龍心大悅，心想，葉公既然這樣喜歡我，又這樣想見我，我就找個機會自己去看他，這樣不是更能滿足葉公的希望嗎？

一天晚上，風雨交加、洪水高漲，原來是海龍王專程要來訪問葉公。台灣人吃過苦頭，知道海龍王所到之處，必有大水災流失不少田園、家屋和生靈，因此台灣人知所預防。可是葉公正從夢中醒來，還半睡半醒，只見門外有一條黑黑的東西在那裡張牙舞爪，向葉公示好。葉公此時一看，只見龍爪已伸入門內，嚇得魂飛魄散，來不及穿上外衣就逃走了。

在這個故事裡，葉公有兩個很重要的特徵，那就是：葉公好龍和龍來必逃。今日自稱炎黃子孫的，有幾個人不好龍，又有幾個人在龍來時不走？但是走了又怎麼樣？葉公還不是照樣好龍？這個寓言所以含蓋深遠的哲學的意義，道理在此也。

葉公好龍的故事可適用於香港。中國人大都認爲香港是中國的邊陲之地，因此，流落香港的葉公型知識分子不在少數。他們心中都好中國龍。這些葉公型知識人透過他們的刊物，不斷地做龍的傳聲筒，使中共這條龍深信香港人喜歡龍。可是香港人經過天安門事件的洗禮，已經領悟了一次龍的可怕。五百萬的香港人的邊陲心態不除，則葉公好龍的故事將再重演。令人擔心的是，九七大限不知還要嚇跑多少葉公，製造多少難民；更令人擔心的是，這些葉公將繼續扮演製造第二、第三個香港的悲劇角色。香港是中國古今的開疆模式。

眞正可怕的是中國政情的不安定

當前對於鄰近諸國而言，中國眞正的威脅，並不是中國正致力於國家建設、政情安定，以及國力較充實之時的出兵。包括日本在內，鄰近諸國大約都很怕中國，因爲這樣的大國實在惹不起。

實際上，中國政情不安定時，出現革命癥兆時才是最可怕的。革命的時期一旦到來，將會有幾千萬的流民逃到日本，即令日本的體制再完備，仍然會越壁穿牆地潛入，為躲避警察的眼睛，到處藏匿，入夜之後跑出來盜取，無所不用其極。如此一來，變成了日本政情的不安，這種威脅才眞是威脅。

戰爭中使用原子彈，還不比中國政情的不安更令人恐懼，大量流浪的難民大舉蜂擁而至，此時逃亡一轉成為進逼。一到夏天，可以很快地渡過日本海，富裕繁華的日本不一會兒即會千百萬人湧上岸。屆時會做生意的人，利用自已的船隻，喊出渡海代價多少多少。官僚本身恐怕也做起那種生意，這點正與越南一樣。一旦取了錢，上了船，不管他會被餓死還是被溺死，總之是一概聽天由命的。

華僑是中華思想的尖兵

照這樣的看法，被稱之為「華僑」的中國人，原本是流民，那即是一種侵略的方法，也可算是佔取天下的好方法。所謂的華僑，在這層意義上稱得上是中國的尖兵部隊。在日本也有許多華僑，這些大陸系的華僑幾乎都未歸化。

一九七二年，田中首相前往大陸與中國建立國交；在這之前，日本與台灣曾有外交關係。這些日本華僑皆持有台灣的護照。不料日本與中國一建交，他們一下子就轉拿中國國籍向中國一面倒。無論誰取得中國的政權，即使是共產黨，只要取得中原即是主人翁，因此很快地即認同自己是那裡的人民。當時領取蔣介石的護照是不得已的，現在正統的政府是中國，當然要換成中國的護照。

中國將於一九九七年收回香港，香港約五百萬人口中，約有一百萬人、二十五萬戶人口取得外國護照，他們多半爲律師或富戶，他們已在做逃離的準備，因爲日本居大不易，所以他們準備去美國或澳洲。今後假如中國對台灣發動攻擊，台灣恐怕也會出現更龐大的逃亡潮吧。

爲什麼稱香港人爲流民，譬如以不動產來看，在雪梨車站前的不動產約有十%被香港資本買去。中國的政策才一改變，澳洲的不動產即大量被買去，這種收買的情形，其實也是另一種形式的中國膨脹主義。當然，此時的尖兵是華僑，而不是軍隊，亦不是殘兵敗將，所以是一種很好的膨脹主義。

其實，問題是出在中國人拒絕認同新的鄉土，中國人移住他處時，往往不願同化。對中國人而言，移民最重要的結果是，有如取得了一個新領土。華僑對於自己的文化具有強烈的自信，即使不會說中國話，但對於自己是華裔之事卻非常在意，但若是日本人，到第二代已經是該國的人了。

在近代歷史中，日本與中國都曾經採取鎖國政策，禁止與外國貿易，同時亦禁止出國，或與移民的人來往。在此之前，泰國、馬來半島等東南亞各地已建有日本街、中國街，但日本街卻因德川幕府鎖國的結果，很快就蕭條、消失了。

到了明治，日本與東南亞各國來往又被准許，但那時在當地已沒有日本人存在，因為日本人重視鄉土、接受同化。但中國人卻在當地堅持「小中國」。因鎖國政策被禁止與故鄉往來之後，在東南亞的中國後裔，娶當地的人為妻，生了混血的子女之後，仍然不肯與當地的社會融合，仍然頑強地以中國人身分生存下去。

對周邊國家造成威脅的中華思想傳播者——華僑

因此，目前東南亞諸國對中國非常警戒，而且那些國家藉由華僑多少認識一些中國文化，因此心生恐懼。現在中國雖鼓勵華僑歸化當地，但原本被迫離鄉的華僑，其鄉愁是非常強烈的。

中國人有一種特性，在國內吃苦後，到國外一有成就想光宗耀祖，衣錦還鄉。這幾乎是所有華僑的心情。在中國過著苦日子，到國外好不容易富有了。任誰都會想，就是因爲當年在故鄉吃苦，才有今日的成功。華僑與其說想要中國改革，不如說想去維護古老的中國來滿足自己的鄕愁；因此，中國無庸做什麼，就可獲得華僑的一片忠誠。

這對移民對象國的人民帶來不安，引起一種威脅。也就是因爲如此，東南亞諸國對中國的警戒心不減。

中國移民的出身多半是不能糊口的農民，或不識字的人民，但是他們卻是中華思想的傳播者。換句話說，華僑才是傳播中華思想膨脹主義的可怕的先鋒。在前些時候，某位回到台灣的友人說，台灣的有錢人已做好逃跑的準備，而沒錢的人也認爲情況對中國較有利，正群集開會想靠向中國那一邊。

台灣大約有四十萬名國民黨的老兵，在這些老兵中，大多已經返鄕探親，但發現中國幾乎沒什麼親人了。六十至七十歲的人中，有人在大陸還有妻子，返鄕後仍然不願與妻子住下來，最後還是回台灣。這表示他們仍不願住在大陸，且再度認識到中國是極度無望的，那些由大陸回來的人，開始覺得台灣原比中國好。

國民黨原本亦有中華思想，自從取得政權以來，即努力透過教育灌輸學生：中國的偉大與台灣是中國的一部分。儘管有人相信這種說法，但實際到中國去一趟之後，即與日本人一樣，對中國的幻想完全破滅，這種結果又導致欲將台灣建立成　獨立國家的運動。

國民黨與共產黨是雙胞胎

國民黨與共產黨是雙胞胎，這是人盡皆知的。囿於共產主義與社會主義意識型態之不同，因此人們竟不注意兩者間相似之處。兩者皆是「以黨治國」，兩者皆對政治、經濟、文化做嚴格的黨統治，並企圖獨佔政府職位，非黨員即不可擔任官僚。

也許有人認爲台灣經濟是資本主義，中國經濟是社會主義，但兩者皆放任官僚資本，尤其在金融界、產業界，其官僚資本的比重之大令人瞠目咋舌。官僚資本一方面是國家機構的一部分，另外又可包庇經濟上的特權，把大量物資轉賣、流出，賺取暴利。中國目前所流行的「官倒」（官員掮客），即是官僚資本的實際行動。

無論國民黨、共產黨皆不容許政黨競爭的存在，就以最高指導者絕對式的獨裁政治這一點而言，幾乎是完全一致的。此外，任意驅使特務機關，拘締內部人民亦是相同的。上述一致的特徵，也許是因爲兩黨皆模倣一九二〇年代蘇聯共產黨組織而再建有關吧。

儘管如此，兩黨皆承襲中國傳統的統治方式，這是最重要的特色。也就是說，兩者都壓根兒不採納多黨政治、議會制民主主義、法治主義等近代的政治原則。只是不採納的理由，國民黨說「那與國情不合」，共產說「那是資產階級的東西」。

在政治體制上如此相似的兩黨，在某種意義上，彼此是互爲狼狽的。即使彼此交換統治的地位，兩者還能繼續勝任。中共在吞併台灣之前，當然極力希望有這個「另一個自己」，能繼續統治台灣。

第 2 章

不信任帶來不負責和無力感

不被騙、不退讓的民族

一位與中國人結婚的日本女性，於生了兩名子女後，某日與丈夫商談子女教育問題時，聽到丈夫說「希望教導孩子絕對不受騙」的話時，頓時陷於慌張而不知所措。

教育成有勇氣的孩子、有正義的孩子，或許是過於理想化，一般的日本人也許會想教育孩子成爲樸實的人，即使淘氣一點也無所謂。若不是認爲父親有被騙失財的慘痛經驗，應該不致於想教導自己的孩子不被騙吧。

這即是日本人的天眞地方，他們不了解與中國社會不同的日本社會，有如在溫室之中。一位中國藝人說「在日本住久了會變成傻瓜」的名言，也就不難理解了。

在中國住過的日本人，怨言最多的就是中國人不排隊這一點，不論是等公車、買車票、看病，中國人都不排隊，甚至毫不客氣揷隊，最後竟竄到最前面去。這個時候，未受「揷隊訓練」的日本人都很懊惱吧。

中國人不排隊的習慣，絕對不輸給別人，似乎以搶在他人之前爲榮。其實，在學會規規矩矩的排隊之前，中國人是無法對完全不相識的人有某種信任的。假如認爲站在旁邊的人，可能會跑到前面插隊，則不可能慢慢地排隊前進了。前面稍有空隙，就想插進去，且爲了不讓別人插隊，就需緊貼在前面的人的後面。如果稍稍禮讓，大約就別想要搭乘公車、買票了。

象徵中國未來的公車混戰
兩傢伙你推我擠
誰都甭想上得去
小孩也不服氣
連嬰兒也處變不驚
慢一步的人望門興歎

不信任也不協助他人

不信任感是有程度差別的，像剛才提到的等車到提防被騙，是可以分出層次的。

譬如，曾經有這種說法：美國的大學、企業招考研究生時，同僚對單獨考進來的中國人最有戒心，因爲他有心吸收新知，喜歡提問題，終日埋頭做研究。若是兩個以上的中國人進來了，那就沒什麼好怕的，因爲他們之間會互相牽制，而無法充分發揮力量。

中國向來有「一個和尚有水喝，兩個和尚挑水喝，三個和尚沒水喝」的諺語，意指中國人互相扯後腿，與別人互不合作。看到大家一窩蜂地擠到車門口，互相激烈的推擠卻難以上車的情形，正暗示著中國的現狀與未來。

爲什麼中國人不能與別人合作？那就是不信任感。要是懷疑對方會陷害自己，會贏過自己時，那就無法與對方好好合作。若將所學教給對方，搞不好對方會利用那知識贏過自己，說不定還會比自己早出頭。一旦這樣想時，就會將得到的知識私藏下來，絕不教給任何人。拿公家的錢出國留學的人，亦絕不會將他的成果公開，認爲那是他陞遷的資本，若對任何人都親切教導，則根本陞遷無望。

愛面子不是因爲尊敬對方，而是不信任

再回到上述的話題，爲什麼中國研究生在同僚之前，無法多提問題多吸收知識呢？又爲什麼彼此不能互問問題呢？總之，這是彼此強烈牽制使然，如果問錯了問題，同事

說不定會認爲自己程度不夠，這一點牽涉到面子的問題。因無知而產生被歧視的恐懼，對中國人而言是最難忍受的。

面子這問題包含許多層面，不能一概而論，此時我們所談的面子，不是因爲不信任對方，或避免壞了大局的爭吵而想顧全對方面子的意思。這裡的面子，是指中國人自己如無法得第一即不能安心的心情，其出發點是不信任感。

這種不信任感，就是孔子所說「民無信不立」的無信。但社會若不能存有互信，不能與他人平等對待，則連生意都做不成了。關於這一點，孔子早已注意到了，但當時大約還不至於像現在這樣，如此互不信賴。孔子表面上是想灌輸人們的信賴心，相反的卻引來不信任感。

韓非的不信論與錯誤盡在他人

將不信任感理論化的是韓非，韓非的一生中，曾遭到別人很大的背叛，結果對人產生不信任感，曾主張用重法治理政治，世人因此稱其爲法家。這個法律是爲了防止他人犯罪的。如何防範呢？就是將人視爲罪人而加以防範。因此，韓非的人生態度，正是中國人典型的生活方式，是一種站在被害者立場的陳述。認爲自己沒錯、是好人，錯的全在別人，因爲我才是被害者。

這種不信任感根深柢固，因爲韓非的教導已有二千多年的歷史。在打天下時，不信任感亦會這樣出現。比如說老子的八字好，取得天下當上帝王，若將政權讓給自己的部下，搞不好他會殺了老子，幹起眞正的實權者。

如此一想，天皇老子絕不會讓位給有能有德者，只有大量生出自己的兒子，將皇位傳給自己的兒子較安全。這即是中國人「百子千孫」的想法，盡量多生子女，好將事業傳給子子孫孫。

無橫向連繫的脆弱社會組織

因爲不信任則無法形成社會組織，組織化的社會無法成立，則社會將顯得脆弱，無法產生自淨能力。失去自淨能力的社會是病態的，表面看起來是健康的，但卻處處充滿破綻。

社會無法組織化，長期以來是令中國頭疼的問題。社會中有縱的組織與橫的組織，縱的組織勉強由階級而形成，人若由縱的方向來分階級則由最高至最低，最低若比做動物是比蚊子還不如的階級。將十億人全都分階級，則可由最高的神仙至最低的非生物。如此一來，導致被劃分階級的人四分五裂，只有原本被鑲嵌在框架內的軍隊、官僚才能組織。換句話說，社會上缺乏平面的連繫，無法形成橫向的組織，而且因爲彼此的不信任感，更加深了這個問題。

兩雄不能並立，自己之外皆爲敵人

不信任感會使自己經常陷於對方想暗殺自己，或超越自己前進的恐怖中。總認爲這個人將來可能殺了自己，而經常帶著不信任的眼光注視他。其實，天無二日的思想就是因此而來的。兩人彼此的容忍、共存，不就是說兩個太陽或兩個老闆也可以共存嗎？兩者可以平等嗎？這是絕對不行的。因爲此時與自己同水平的人，若是有一天比自己更高了，說不定會藐視或排擠自己，甚至將自己殺了，所以「兩雄不能並立」。

在中國人的做法中，若一百人中有一個敵人存在，將之全部宰了是最安全的。明朝的開創者朱洪武，於建國之後殺了功臣及其家族共數十萬人，這亦是由於不信任感而殺掉可能的對手，確立自己子孫與王朝安泰之計。總之對別人抱著不信，防範未然，先下手爲強，皆是中國人由帝王的鬥爭歷史中，所習得的思想。

唯我獨存的中華思想

由流民集團分子所產生的八、九十歲的國會議員，在台灣雖被罵稱爲「老賊」，但仍拚命地抱著職位不放，不僅公然表示至死不願放棄職務，還努力主張自己是正統，絕不輕易下台（編按：老賊終於一九九一年被迫退職）。他們已無法代表民意，卻不願辭去，主要是由於對台灣人的不信任感。萬一由年輕的台灣人取得政權，則將陷於無法翻身的慘境，因此絕對不肯讓步，始終堅持自己是對的。

中共的老頭子同樣不服輸，革命的元勳即使連路都走不動了，被人罵爲老賊，也絕不肯由舞台引退下來。位階不高的官僚職員也一樣，即使提出比照幹部退休發給退休金的保證，亦認爲絕無自行引退之理。因爲他們深知權力才是一切，一但失去了，則無論多少退休金也無法償回，於是官界都被老人堵塞。

元老們不會喜歡有能力的後繼者，提拔可能具威脅的有能後進，還倒不如提拔會拍馬屁的年輕傢伙。結果，有能力的後繼者，遭到不肯退的元老與陞遷主義者的夾擊，陷於失勢。最後，耍陰謀的人總是勝利，思想、理論以後加上去就有了。

如此的個人間不信任感，就民族性而言，應歸咎於中華思想。中華思想教導人說，爲了自己最後的生存，絕不可相信別人。中華思想只追求最終的勝利，是一種非常根深柢固的想法，絕對不肯於中途分勝負，亦不肯認輸，總堅持相信自己是最優秀的民族，而且個個皆認爲自己最了不起。未受教育者姑且不論，受教育識漢字的人，也就是所謂的知識分子，都是這麼想著。

散沙般的民族，散沙般的社會

過去，中國人總被稱爲「像散沙」一樣的民族，散沙即是指四分五裂，每個人彼此不信任，互相無法合作的現象。孫文將這種現象形容爲「一盤散沙」。那麼這種現象的根源爲何？中國人爲什麼是「一盤散沙」呢？簡而言之，即是因爲彼此的不信任感，誰也不敢說出問題的癥結，誰說了誰就該死。例如柏楊等人，才說出了眞話，其妻即棄他而去，本人長期被監禁在獄中。

以「如散沙般的民族」爲模型，或許比較能解釋清楚中國的人性論。

那麼，爲何會存在根源性的不信任？那是因爲社會體制是專制獨裁之故。專制獨裁者否定人與人之間的水平連繫，斷然切斷橫的關係。換句話說，下層的人若過於團結，即會危及上層的政權，這是統治者精鍊的秘方。將社會構造變成散沙狀態，對自己的政權才有安全保障。這是出於對自己子孫萬世能繼續統治人民的設計，藉此可以了解所謂的中國超穩定性結構。

曾有一則新聞說，中國連一個自行車愛好者的團體，也不能自由組織，一定要向當局登記，申請許可才行。中國的官僚不管民衆採取什麼形式的自由，及其橫向連繫都極度敏感，非以官方的組織加以嚴格監視則不能安心。連在大學裡的體育社團亦不許學生自行組成。某位由中國留學歸來的日本人曾告訴筆者，籃球場於放學後，雖有學生聚集遊戲，但隊伍皆是當場臨時組成的速成隊伍，一旦遊戲終了即自行解散，絕不許具有持續性質。

當然，這與中國的社會主義有關，但如此缺乏橫向連繫的中國人似乎渾然不覺也是事實。這與自幼即被灌輸，除家族(血緣)以外的人皆不可信任有因果關係，結果人們無法自發性發展橫向連繫。

換句話說，在「散沙」之前有不信任，而不信任又因過多相互競爭的人口，以至於愈來愈嚴重。互相競爭、互相超前、互相陷害、互相欺騙的人太多了，所以絕不相信他人。因此，總認爲自己最了不起，心裡充滿了往上爬的陞遷意識或菁英主義。

無法成爲社會助力的朋友關係

看了標題後，大約又有日本人反駁說：「沒有比中國人更熱心於交朋友的了。」確實在中國人當中，有些年輕小伙子會吹噓的說「我在北京有五千名朋友」之類的話。朋友的朋友，都算是朋友，無形中建立成一個組織網，但這種朋友關係僅止於兩個人之間，無法凝聚成社會性的力量。

譬如說，某男性與十名女性交往，若有人說這種關係是十一人的組織，誤認爲這是十一人的團體，則會變成大笑話。總而言之，這只是一對男女的關係，只是化成十組的關係罷了，絕不可能是十一個人的團體。

即令好交朋友，結交很多朋友的人，基本上只是一對一的交往方式，不可能發揮集體性的力量。這完全是因爲，在與朋友交往之中，仍不忘自己雖對對方眞誠，又怕被對方欺騙、自己吃虧上當的警戒心使然。

謀略是中國的絕招，也是統治人們的技倆

中國代表性的想法是儒家思想，儒家教導人要敬老。說老人了不起，自然會尊敬老人，會對老人服服貼貼，因此社會即會產生一種安定狀態，這即成爲官僚統治民衆的技倆。提倡老人了不起，對老人要尊敬的官僚則更爲偉大。

在統治人們的技巧上，中國人留下了各種的資產。統治人的技術即是鬥爭技術，那不是戰場技術，而是中國人經常說的「官場」技術，也就是手練手管、權謀術數也。比別人更長於陰謀者，精於謀略者即最高超，在君主身邊通常有許多謀略家，在與敵軍作戰時，可以借助其力，利用謀略撲滅對方。其中的要領，不僅是要求戰勝，還有對戰敗者必殺的殘虐定律。

因此，自己有一種輸了即會被殺害的意識：對方絕不會寬諒自己，自己亦絕不能寬恕對方。在這個意義上，謀略是左右中國歷史的重要技術，是中國的絕招。例如，在文革中曾爲中國二號實力者的林彪，與毛澤東之間發生嫌隙，最後陷於非死不可的命運，

這皆由於不能信任對方而來。

不信任之極致的毛澤東「陽謀」：百家爭鳴、百花齊放

毛澤東有名的陰謀是，一九五七年的反右派鬥爭。一九五六年，共產黨對黨外的知識分子發起「百家爭鳴、百花齊放」運動。當時，共產黨要求黨內外的人大膽的發言，表明即使對黨的批評、攻擊都不會受處分。

未料，批評共產黨的聲浪高漲時，無可忍受的毛澤東等人，於一九五七年六月以後，大舉反擊，指率直陳述意見者爲右派分子，開始對之採取批鬥。因爲這個反右派鬥爭，有三十萬到四十萬知識分子被迫去職，並遭下放命運。毛澤東爲讓敵人說出心中話，並視破誰是眞敵人，加以反擊的戰術，還強辯並不是陰謀而是「陽謀」。

無論是陰謀或「陽謀」，結果皆是憾事。因爲反右派鬥爭，毛澤東確實對不喜歡的知識分子，做一次的終結清算。但，其後無論領導階層如何眞誠的呼籲，要求黨員及民衆大膽的提出意見，但已沒有人會認眞當一回事了。一九五七年的「陽謀」，對新社會留有一點信任的人造成很大的打擊，其後留下來的人，就完全與以前一樣，不再信任人了。

在這種意義上，中國並不是像自由世界那樣，於選舉中失敗後，還有機會捲土重來。中國雖是一個存於現代的社會，而徹底的拚死的戰鬥，卻是一個動物性的弱肉強食世界，非常原始性的社會。社會是否留給敗者翻身的機會？對敗者是否允許其再度挑戰？這是自由世界與集體主義社會最基本的差異處。

沉重的四千年光榮歷史

雖然大家皆擅長於這種高超的陰謀，但是中國仍然長期停滯不前。曾自豪於很短的期間就可趕過先進國家，幾度發動「超英趕美」的宣傳，但皆以失敗收場。這恐怕與中國數千年歷史、永遠的光輝不無關連。如何承繼漢民族創下的光榮的使命感，令後世子孫爲承接那歷史的光輝重荷而受盡辛勞。

自己的祖先太偉大了，自己爲保持那光榮只有拚命；而且只能保持舊東西，絕不許創造新東西。爲了舊有的東西，中國人非常不注重創造性，視創造爲造反，一出現即很快被抹殺。人們明白必定要遵循舊有的做法，因爲從前太偉大了，反逆從前做法的人絕對是錯的。

由於不信任感，國家社會產生了各式各樣的悲喜劇。前美國駐日大使萊夏華曾建議，中國應該像歐洲般分成數十個國家，如此不但可以互相協調，又可避免互相殘殺。我們由表面上來看，分成十數個國家，可能更會造成彼此的對立與抗爭。然而就是因為有公開的對立，才能產生避免過度對立和抗爭的技巧。而且，在統治核心及一般官僚中，一方面可累積統治技術，另一方面反對者亦可透過亡命者累積對抗的技術。

但是，中國人絕對無法接受這種提案，因為若允許這種情形，則又回到戰國末期般，不知何時又要來一次慘烈的「統一」，被併呑的一方尚有全部被滅亡的可能。如此，絕不許分裂，先下手為強，先殺了對手取得勝利，這才是上策；一旦必須經常以一個統一的整體為目標，則為了自己佔上頂點，非得戰勝活下去不可，如此一來，更加不能信任他人。互相不能信任，互相殺害，最後勝利留下來的最偉大。這種想法的根本，其實就是中華思想，如此以你死我活為統一的手段，是為了背負中華這個沉重的光榮歷史包袱的一種體制。

至今仍存在於人們內心的潛在中華思想

中國至今仍不得不認爲，高舉中華思想，國家才能統一，皇室才得以存續。提到中華思想，日本人也許會認爲這是古早的事，但至今中國人仍背負著中華思想，所以它仍然活生生的存在著，仍未被拋捨掉。日本於「全共鬥」運動最興盛的七〇年代前後，日本人經常說「潛在的天皇制」，就是表現日本人潛在中暗藏的天皇思想。就某種意義上，中國人也同樣把「潛在的中華思想」深植於心中。

一位在日本留學的中國人，取得博士學位，對日本的學會組織極爲羨慕——研究者可將自己所研究的成果在學會中發表，大家將之視爲共同財產。這種事情在中國絕不可能發生，他們只會死抱著成果，放在研究室裏私藏。私藏與「死藏」同音。如果是日本人，一旦得到一本好書，大家一定輪流閱讀或交換影印，但同樣情形中國人則會死抱著不讓別人看。這位中國朋友於回中國前，曾表示將把他最羨慕的日本的大學組織、研究組織引入中國看看。筆者認爲，大概也行不通吧。

這種事其實並不新鮮，像現在日本有許多對中國贈送日語教材的義工活動，左右該項運動的成果，全看書是送給哪個單位：假如書送給了個人，則會變成個人的；若送給研究室，則變那個研究室的，除此之外絕不給任何人看。

某位在中國雜誌社擔任翻譯的日本人，到中國赴任之時帶著辭典當見面禮，面交總編輯，沒想到總編輯卻將之鎖入自己專用的書櫃中，不讓別人看，甚至連那名贈書的日本人想查閱時，也非每次請他開鎖不可。

爲生存所必要的統一組織

人人平等的說法是違反中國人的想法的，平等本身並不被中華思想所承認。一旦平等即失去向心力，無法控制民衆，對統治者而言有如四分五裂般，覺得社會秩序受到破壞。如同散沙般的中國人，爲了吃飯糊口，也就是爲了生存起見，創造了某種統一的組織，而且非依賴這種統一組織不可。

爲了在黃河旁邊耕種、生活，國家非得爲人民建築防洪的堤防，以及擔任水資源管理不可。由於周圍被遊牧民族及狩獵民族包圍，有著不知何時野蠻人將會攻人的警戒心，若不築個萬里長城將野蠻人封鎖在沙漠之外，則會坐立難安。而且，中國幅員廣大，就如同金字塔般，爲確立於尖端的地位，若無四方的力量穩穩的拱住，則只是大而無當的形體罷了，任誰都會認爲那是無用的東西。

這是不信任感的寫照，也是一種世界觀及對鄰國不信任的寫照。只要鄰國稍稍強盛，則有不知何時會攻打過來的不安。雖然周恩來常說「平等互惠」，但實際上是不平等不互惠的，自己若不比別人稍高一點，即無法貫徹中華思想。若「華」對「夷」不具優越性，則違反中華思想。

玻璃般脆弱的橫向組織

因爲不信任導致無橫向社會的中國，橫向關係就如同玻璃般脆弱。在水平層次上，並未形成如網狀般前後、左右、堅實結合的社會結構。平面方向因沒有支持的張力故易垮。統治者深知在平面互相結合的社會一旦成立，將會造成自己政權的不安，因此採取互相監視，讓民衆產生不信任的「分化統治」。這即是「分而治之」的理論。

例如，在歷代王朝中採用的保甲制，有如日本江戶時代五人一組相互監視與連帶責任制度。歷代王朝爲了維護權力，都追究連帶責任。一人有過，親戚、鄰人當然不用說，連朋友皆殺的例子也很多。這顯然在破壞社會的橫向關係。若一個人被殺了，其他的朋友亦難以倖免，連很小的關連亦絕不放過。如果連朋友都要一網打盡，就不能隨意交往朋友，只得不交朋友或深藏心機的虛以周旋。

就連動物中亦有如螞蟻般極團結的社會存在，但中國人卻是「一盤散沙」，根本無法團結。歷代的王朝驅使著她的統治技術，完全破壞了團結的基礎，從前可能有不少的團結力，但經過四千年王朝的統治，橫向連繫的關係完全被破壞，結果變成「一盤散沙」。這個更加強人際的不信感。在開口閉口高唱平等、團結的社會主義中國，這種傾向仍絲毫未變。

「忠」和「孝」強化了縱向關係

相對於橫向關係的淡薄，縱的關係卻是非常強固。縱的關係源自於「忠」與「孝」，這種「忠」與「孝」將直系社會堅豎起來。「忠」是面對朝廷、官方的態度；「孝」是每個家庭裡，對長上表示的敬意，也是每個家庭皆被要求的倫理。日本人的「忠」是指對集團（共同體）的忠誠，中國人的「忠」完全是對於皇帝，是對於統治者個人而言。另外，日本人的「孝」指養育父母重於親生父母，若親生父母未盡扶養義務時，即不成為「孝」的對象。但中國人的「孝」完全是指對親生父母而言，是一種重視血緣的關係。

日本社會有「兄弟是他人之始」與「遠親不如近鄰」的說法，兩者皆是表達重視地緣和鄉土的社會，中國卻說「血濃於水」，是一種徹底重視血緣的社會。中國人將祖籍凍結在中原一帶，因戰亂南下以後，與地緣脫節，缺乏鄉土愛，具有僑民性格，易轉化為流民，類似東方吉布賽人。兩者基本上是相左的存在方式。在日本，無論是小學徒或徒弟，只要是有能力的人，皆可以婿養子的方式繼承家業，這在世界上亦算是稀奇的現象。若是非但將女兒給他，還將家業、財產全讓給他，這是因為不排斥無血緣關係的緣故。若是對家族、血緣以外的他人不能信任，這種事情恐怕就不可能發生。

隨時保持防衛的姿態，先下手為強

除了在家庭內之外，離開家庭的中國人也是非常利己的，只要自己好，就不管別人死活，別人的子弟死了也若無其事。當然，這也由於中國人對他人不信任而產生的，這種不信任感自成一套哲學，上述韓非的法家哲學即是。韓非遭人背叛，在牢裡寫出對人不信的法學作品（編按：今存《韓非子》五十五篇），強調因為人根本上是不可信的，非於事前防止他們的背反統治者的舉動不可，因此必須以法律加以牽制。恐懼被人背叛，因之對人產生不信的，不僅只是他一個人，中國人普遍亦被置於該種情境中。

由於生存環境的惡劣，具有被害者意識的中國人，對人一直存疑心，並於事前採取防衛的態度。其中不乏因過度防衛而發展成殺人事件，這即是所謂「先下手為強」。尤其在革命運動中，加以敵軍的特務之名。被殺害者絕大多數是無辜的，但當局並不因此處罰錯殺同一立場的人。在應當做的防衛中，誤殺了己方的人，只算是稍有錯誤之處，總比萬一敵人潛入要好得多。

異常恐怖產生中國人的利己主義

允許過度防衛的想法，源自對敵人異常的恐怖；由某個角度來看，這是極端自我中心的想，已經不是個人主義，而是利己主義。

日本人對發展出漢方醫學的偉大中國人，何以會吐痰與鼻涕齊飛極不能理解。漢方是對自然整體認識後產生的，而創下整體認識的中國人，竟將自然污染了，為害環境衛生，結果倒頭來還是自己遭殃。何以會如此無動於衷呢？日本人感到困惑。其實，漢方的根本在於長生不老術，一種鑽研如何於生命末期仍能存活下去的秘術。食物療法、針灸、氣功等不用說，中國人養身之術眞是嘆爲觀止。除自己的身體、家族成員的身體之外，皆不放在眼內，不管有誰在身旁，照樣將自己體內的污物照排不誤。甚至有人還說，愈會吐痰、吐口水的人身體愈好。

下面也是從一位留學中國的日本學生聽來的。文革後不久，在中國某大學的留學生宿舍中，女學生爲了誰該冲洗廁所而發生激論。留學生與同住的中國學生，因爲有人使用廁所後不冲水，任髒穢的糞便堆積於原處而發生爭吵。歐美及來自日本的留學生，主張使用過的人要用水冲洗，但同住的中國學生卻反駁說，後來要使用的人才應該用水冲洗。捲入這場爭吵的留學生心想，這個宣稱公共利益先於個人利害的中國，竟有如此連愚蠢都不如的屁歪理，實在沒有必要再交往下去了。

瞬間由極左變爲極右亦是利己主義使然

對於如此堅持利己主義的人們而言，說這個極左那個極右已無意義。一般來說，思想或哲學不能成爲評價人的標準，中國人的情況更是如此。

文革前說劉少奇絕對正確的人，卻在文革中說劉少奇是反革命者，要與之劃淸界線。文革結束後劉少奇復出，又改口說劉少奇是優秀的革命家。當然，那是一個不見風轉舵即不能生存的社會，但可悲的是將自己意見做一百八十度改變後，仍堅持自己的意見是對的。每當中國官方的意見改變時，日本的親中國派必須配合一再改變意見，想起來不但可憐而且滑稽。

瞬間即可由極左變為極右，這對「革命中國」懷有憧憬的日本人而言，是無論如何不能了解的。其實把中國人視為非常狀況主義，根據狀況調整行動來理解即可。任何事都未固定，依狀況才下決定，這也是中國人的思想，這可能是社會沒有橫向拘束，大家搖擺不定之故。例如，像在歐洲等地必須遵守的規則(法律)，大家都遵照該項法則行動，但中國人不是如此。

自己即原則

中國人一方面守原則，另一方面卻視情況需要做妥協。這是中國突然改變長年來的對美政策，一九七二年尼克森訪問中國時，日本的傳播界經常說的話。當然，中國亦刻意宣傳自己是「守原則」的國家，但是中國卻是自始至終反對孟加拉自巴基斯坦獨立，並支持國際上具有大量虐殺污名的柬普寨波布政權。

中國所以支援與印度對立的巴基斯坦，援助與越南爲仇的波布政權，是有其國家防衛上的利害關係的。特別是對只注意眼前利害的中國而言，民族自決的原則與人道主義也只不過是宣傳上的用語罷了。

中國人所說的「守原則」，是指遵守自己的原則而言，並不是說遵守客觀的原則。自己的原則，通常是以自己的利害爲最優先，同時也會因情況改變而隨時改變。共產黨於三〇年代，儘管明白地說過西藏、蒙古、台灣等地可依各自的方法決定自己的未來，但對國民黨獲得壓倒性勝利，並取得政權後，就一變而成少數民族只有在中國境內才能存在，任意地剝奪了少數民族的自決權利。

不僅在國家與民族的問題上如此，在個人層面上亦是同樣。他們所說的原則，往往是自己的原則，最終還是以自己的原則爲出發點，凡事以自己的利害狀況爲對應，瞬間即改變自己的意見，自己並未覺得有何不妥。

中國的領土，也會依情況不同範圍忽而擴大，忽而縮小。局勢轉爲右時，所有的人一下子全向右傾，非常會依風向轉變的，要是極右派當權時極左亦會轉爲極右，極左當權時大家又靠向極左，這種變化是自由自在隨心所欲的。這種現象也與對人的不信任感有關，顯然是因對方對自己不信賴，自己亦對對方不帶信賴之故。如此，惡性循環，彼此的信任全然消失。當然，忠誠心是仍然存在的。轉爲極右或變爲極左，只是因局勢改變而改變，無關上下間關係改變的問題；因此，縱向關係幾乎未受影響，也就是中國只能存在縱向的社會。

自己所無者亦不讓他人擁有

在橫向社會中，什麼是橫向關係的維持力呢？靠什麼維持橫向關係的存在呢？那即是信用，對別人的信用。互相信用才可產生平等思想，才可發展民主主義。中國確實是一個具有均取均分思想的國家，但這正等同於自己所無者亦不爲他人所得的劃一主義。這樣的均分主義，民衆會爲別人是否比自己得到更多，而彼此進行監視，這對統治者而言眞是最有利的思想。而且，因爲中國沒有平等、民主的思想，結果社會中的橫向連繫也不存在。縱向雖有一線相結合，但卻因沒有橫向連繫的關係，很容易做自由移動，社會陷於激烈移動，結果成爲易變形的社會。

對悠久時間感的誤解

或許日本人由於對自己島國民族性尺度不夠大而自卑，對於大中國極爲憧憬，只要是中國的事情什麼都很感動，以偏頗的心情對中國發生誤解。某位日本人到西安觀光時，參觀了兵馬俑坑，那裡有一個約東京後樂園棒球場大小的圓形棚架，裡面正在進行挖掘。現場只有十人左右在進行挖掘調查工作，當時即覺得要是日本人，一定一下子發動許多人進行挖掘。問他們說：「要花多少時間才能完成？」答說：「大約五十年吧！」日本人說，那實在是一項艱辛的工作，得到的答覆卻是：「沒什麼啊！」當場那位日本人因此覺得：「中國人的時間感與日本人很不相同呢！」頗受感動的回到日本。

上述的故事，正是日本人對中國一些無關緊要的事情也會感動的典型例子。就日本人與中國人的時間感覺而言，既不是不一樣，也不是一樣。例如，慢慢工作的勞工，即使工作還沒做完，可是時間一到，所有的人全跑光了。這個時候是否存在「悠久」時間呢？爲了國家的發展，或爲某種威信而興建的紀念館，中國人可以人海戰術一下子即完成，這種時候，不許任何的反對，緊要的工事一定加緊進行，任何的犧牲皆在所不惜。這並不是時間的問題，而是感覺上的問題，被動員的人，並不是因這個事業具有何意義，而是依上級的號令而定，若是上級不很在意，那就大可偷閒。

沒有水平組織的社會是無力的

我們以遺跡的發掘來推想，若是所轄機關、挖掘隊伍有能力，早就很快的開挖了。無法斷然大規模地工作，正意味著那是個未被組織化的社會。

在日本等國中，即使募款也可借助民間的力量未做。但中國因爲民間的力量未被組織，募款無法採行。也就是，政府必須做所有的工作，政府由上至下，只有縱向的管道。這個縱向的結合雖然非常有力，但因爲水平層面未被組織的關係，上面即使號令傳出，如果沒有人力和物力，也是無能爲力的。五人、十人在工作，正表示非常無力感。但往好的解釋，這正表示中國人的時間尺度很大。

但是，正如前面數度所言，這正是中國社會無力感的呈現，意味著社會力的脆弱。中國水平層面的組織，被數千年王朝統治所摧毀，横的關係盪然無存。因此，國家或政府沒有命令，社會即無法進行建設。畢竟是數千年來，歷經統治者任意的粉碎的社會，爲了重建中國社會，首先必須從灌輸人民的信任著手。而人民在以懷疑眼光監視的中國共產黨底下，是不可能培育這種信賴的。

在沒有信賴之下，不知要聽誰的意見才是。不知聽誰好，又不能依自己的創意行動。如此，無論地域社會或全體社會，若非上級的指示，是不能有任何的興建的。民間的力量完全無法凝聚，上級沒有指示時即無法運作，不能運作正是中國停滯的根本現象。

任礦災燃燒一百年的無力感

在中國縱的系列中，稍有風吹草動很快會向上傳報。但稍微偏遠的地方，則不存在這種管道——縱的傳達，但橫的不通。如此，一旦水災、旱災、森林火災、地震等大規模的災害發生時，因地域社會已不再具有復建能力，在國家未派軍隊、救援隊來救援前，人們只有忍飢等死的分了。

中國於一九五八年至六一年止，因自然災害而餓死的人，總數在一千數百萬至二千五百萬人之間，死者幾乎都是居住在農村的人。中國一般的都市皆是政治都市，是公家人員居住的地方，於國家機關林立的都市中未有餓死者，正是中國社會官貴民輕的特徵。

在新聞中，曾出現新疆維吾兒地區北塔山煤田，礦災持續燃燒了一百年的紀錄。該煤田有一礦坑陷於火災，其後即未有人理它，於是連續延燒了一百年，聽說至今還在燒下去。在此，恐怕已無人會對此感動說「偉哉中國！其時間尺度眞是悠久」吧。

這個例子正與前面十個人挖掘遺跡的情況相同，皆是呈現社會無力感的例子。或許想去幫忙，但因聚集不到應有的力量，在無奈的情況下任其自生自滅。這種情形，雖不能否定人民冷靜以待，但實在是因爲與自己的生活無直接關係不必多管閒事的態度使然。一種能源的浪費正在進行，一年中約有四十萬噸左右的煤無目的的燃燒掉，而北塔山煤田的年採量只不過十八萬噸；不僅如此，據說每年火災的面積正逐漸擴大中。

難道沒有儘早遏止的行動？對共產黨政權而言，因爲與政權的穩定性無關，所以無庸爲之焦慮。即使具有處理該問題的費用、資金和能源，但爲了政權更強固起見，還不如做點統治投資的事罷了。

這種的判斷標準，與組織化的民主主義社會大異其趣。中國人在只回顧過去，不前瞻未來的情況下，對於明日將如何並不在意，就如俗說所說「孔子不敢收明天的帖子」所意味的無力感。

明天會如何是未可知的，中國人總愛回溯過去，溫存於現在。中國的領導者每於有事時就說：「前途一片光明，」這種話任誰也不相信，今年如此明天又怎麼樣，誰也說不準。因此，只要有什麼便宜的事，大家一定一窩蜂擁至。

開放日本留學時，人們想不知何時又會關閉這道門，一窩蜂全擠到大使館簽取簽證，不信任感令這種蜂擁更形激烈，於是由互相推擠變成互相競逐，爭先恐後，結果除少數用心深遠的人之外，大家都未能得到好處。

第3章

破壞自然與食人導致的革命風土

——三百年周期的悲劇

天子無道即應推翻的革命積極性

接下來，應該說明革命風土的因果關係。筆者認爲，這是人口問題的主要動因。

當人口問題無法解決時王朝即發生更替。若問何以革命如此頻繁，其前提有數個。首先，中國的王朝，王侯貴族並不是世襲制，於古代雖曾是世襲制，但唐代的科舉制度形成以來，世襲即不存在（編按：指官位，非爵位）。科舉有如現在高級公務員的考試，想擔任官僚者必須經過科舉考試合格。

未受科舉考試，沾父祖之光敬陪貴族末座的人雖也有，但多半是地位低的貴族子弟，但他們也須通過特種科舉考試。皇帝的系譜與王朝交替曾無數次改換，這與日本天皇制的「萬世一系」形成對照。

中國是一個革命、革命、再革命的國家。司馬遷曾寫過「王侯本無種，汝輩應自爲」之語，也就是只要誰有野心就可能當皇帝。司馬遷是在將著名的項羽與劉邦的漢楚之戰寫入《史記》時這樣說的。

秦始皇是一名人盡皆知的暴君，項羽在見到秦始皇出巡行列時說：「彼可取而代之也，」項羽當時即想取秦始皇而代之，不知不覺中已將其野心深藏心中。也就是說，項羽認爲此人很快地已非天子，而是獨夫了。這具有強烈的革命性格。然劉邦於見到秦始皇的出巡時，想的是：「大丈夫當如斯也，」對於秦始皇的模樣帶著憧憬，當然也含有取而代之的潛在慾望。只是項羽二十出頭，年輕，革命性強，想以力取勝；而劉邦當時年過四十，比較緩和，想以智取勝。以智取勝可得人和，由這點即可知道劉邦會得勝。劉邦開平民起義成功的先河，對後世平民野心家鼓舞很大。

秦朝的惡政不斷，導致各地群雄起義，意在打倒暴秦，項羽、劉邦即是其中最有力的兩股勢力。最先起義的是陳勝與吳廣，他們高喊「王侯將相本無種」意即王侯將相並非天生的，鼓勵手下無需恐懼。

和日本不同的是，秦始皇的兒子並不一定是天生的皇帝，流傳在人們的腦子裡的是，「你只要夠勇敢，把他給宰了就能當皇帝」的極具革命性的思想。這種事情在中國表面上是不允許的，但在危機四伏的狀態，這種手段還是可以使用的。在一個王朝之下，對於天子的忠誠雖強，但該天子已混惡不可理喻時，中國人稱他爲「獨夫」，那即表示他已不再是天子。一旦被指爲「獨夫」，人人皆可起而誅之。這是相當革命性的想法，也是中國形成革命風土的主要動因。

代天行道的革命

中國傳統思想一方面鼓吹忠君愛國，另一方面卻有王侯貴族的領袖魅力、能力、品性等統治者應有的資質亦無法遺傳的想法，因此王侯貴族不能世襲，如此也可防其坐大。歷史上惡皇帝常常出現，假如惡皇帝出現時，可以採取革命方式予以誅之，具有取而代之的積極性。這種想法在中國歷史上一直都有，並不是標榜「造反有理」的毛澤東所發明的，前面提到的《史記》，亦借劉邦、項羽的話種下此種思想。

在群雄並起之時，喊出的口號是「代天行道」。革命之時自己是天，對方被貶為「獨夫」，自己因為是天子，可以代天誅討獨夫，這算是堂堂正正的革命藉口。

群雄並起，爭相代天行道、消滅暴君之時，人民實已陷於飢餓狀態。而到了非革命不可的狀態時，大家都靠向革命這一邊。其實，問題的癥結在於人口與生產力的「逆轉」。也就是人口壓力已大大趕過生產力。

根據中國的歷史周期性，一旦陷於飢荒，自然會產生革命。中國是一個革命的風土，人口一多了，生產量相對的不足，野心家遂出現，革命即發生。由大的角度來看，這是中國的新陳代謝。換句話說，是時候到了，開始分娩，陣痛來了，不久新生的嬰兒即將誕生。我們可以把革命當成像生育般自然。當然，這當中有一半以上的民衆餓死或遭殺害，導致爲數極多的逃亡人口，這些落荒而逃的人包括舊王朝的敗寇，變成流民拓展疆土，消滅少數民族文化，既殘虐又悲慘的事到處發生。但由巨視的角度來看，這是非常自然的過程。

獨特的人口處理方式——革命

講得更徹底一點，中國這個社會，對過剩人口處理具有獨特的方法，即是發生大規模的革命。

這是非常激烈的過程，在其他國家難得一見。譬如政治鬥爭當中，毛澤東採取的做法是全員捲入式的鬥爭。一旦鬥爭發生時，影響的範圍廣泛，絕不許有人站在局外旁觀，這即是中國式鬥爭。

與之相比，蘇聯的權力鬥爭是宮廷式的，日本大致上亦屬宮廷中權力內部矛盾的調整。在中國，因調整可能會暴露自己的弱點，所以不爲之。所謂的調整，是要說出自己內部弱點，爭取較多好處，但對不願讓人看出自己弱點的中國人而言，要調整是很難的。何況中國人善於施展手段，互存不信感，因此彼此就不易調整矛盾，最後只有一拚死活，所謂「不分勝負，絕不罷休」。

中國的革命，雖大多由民衆帶動形成革命，但是要有強力的領導者，民衆才會加入革命，勉強可免於飢餓。而對於這強力的革命指導者，民衆只有盲目遵從，沒有選擇的權利，不得不聽從。若不聽從則被追逐、殺害，也就是非敵即友，絕無第三條路可行。

無法產生民主主義的王道和霸道

如前面所述，中國只有王道與霸道這兩種。所謂王道，是指理想帝王所採行的軟性統治，所謂霸道是「力」的苛酷統治，但這兩者皆屬獨裁者的統治。因此，民主主義無法產生，筆者既不相信王道亦不相信霸道，而是提倡「民道」，主張走人民路線的思想；但對中國人而言，無論今昔，王道皆是一種政治理想，認爲王道的主宰者即是偉大的領袖。

王道有什麼好？商周發生革命時，周文王攻打東邊的殷商，因殷商的統治而苦不堪言的民衆，拚命請求文王快點來「解放」，而這正是王道的優點所在。

周文王以人民的解放者而受人尊敬，是人民求助的對象，也是民衆及少數民族（夷）仰慕的君主。這當然是根據中華思想所做的一邊倒式的解釋，一旦人們相信這是一種理想，則任誰也提不出民道的思想。古代孟子雖曾談及，但其後即沒有人再觸及，因爲一提起，就會被斬頭。

因爲人民不准與帝王平等，則最好不要想這些問題，以「明哲保身」爲第一的中國士大夫，根本就無心思考民道了。

二〇八個皇帝有六十三人死於他殺或自殺

秦始帝曾豪語自己的王朝將傳一千代、二千代，但在他死後不久，秦朝即被滅亡。秦始皇的墳墓現在成爲西安的觀光勝地，但一般咸信，始皇帝的墓實際上做成好幾個地方。這是爲什麼？因爲這樣的統治者絕不能也不會只做一個墓。恐懼早晚會被挖出來，爲免於被鞭屍，屍體不知埋在何方，故意混淆屍首的埋葬地，這正是中國的做法。

中國皇帝在位時威張肆虐，但自知不知何時會被推翻，因爲認知這一點所以更加爲所欲爲。他們知道中國嚴苛的歷史演變，萬一革命發生了，自己也會沒命。上至皇帝，下至王公大臣，識時務的鑽營自保，一直保持在中樞免於被殺的地位。

中國歷代大小革命之頻繁，爲此喪失生命的皇帝不計其數。由漢高祖即位(西元前二〇六年)至一九一一年清朝崩亡止，共有二〇八位的皇帝登上寶座，其中竟有六十三人不是被殺就是自殺。由約有三分之一的皇帝死於非命來看，顯示中國革命的頻繁，及歷史環境的嚴苛。而且，在其心底夾雜著對人徹底的不信。連皇帝都過著不安的日子，若連皇帝都自覺性命難保，一般民衆更有命不保夕的恐懼了。

筆者在台灣的友人，經常提起中學生時代所見聞的事爲例。

某日，騎著脚踏車的台灣農民，和同樣騎著脚踏車的中國籍軍人在路上相撞，農民不但因此受傷，脚踏車還也撞壞了。結果軍人却對他呼叫：「喂，來一下，我跟你說話。」農民不疑有他，由右側走向軍人那一邊與之說話，這時警察過來察看車禍情形，警察見農民與脚踏車置於左側，判斷農民逆向行駛應受罰。中國籍軍人爲了自己的利益，趁農民不察之際耍了手段。

類似的事情顯示出中國人精打精算，絕不吃虧，因爲他們一直生存在不是殺人即被殺的環境中，也因此他們不在乎生活在無人權的社會，到那裡皆能生存得極好。譬如在海外，遭小偷的通常是日本人；在中國旅行的旅客，尤以華僑最爲小心謹慎，對中國人處處警戒提防，因爲他們深知中國人的毛病所以特別設防。在小偷的社會生存久了，總會認爲自己不去偷別人，大家就應謝天謝地了，還要被偷？這種想法正是對他人的不信任感。

一九四九年筆者入初中，每晨上學要經永和市中正橋時，都會看到保安司令部司令彭孟緝下令槍殺十至二十名青年。當時國民黨敗於中共，拿武器侵入台灣，因對台灣人不信任就抓了很多人槍殺示衆，連續三年，嚇阻了台灣人的反抗，說明中國統治者如何過度防衛和殘酷的面貌。

隨基因遺傳的不信任感與中華思想

對人不信任，給予差別——分華夷、分階級和等級——與中華思想具有同根性，在如此的背景下絕對無法改變中華體制。因爲擁有絕對不能改變的想法，對中國人來說，才會形成中華思想連綿不絕的結果。

中國人不但缺乏新的構想，即使有也不被承認，奉舊思想爲金科玉律，將中國人從前所著的書加以解釋，用註釋加以搪塞，永遠以此爲學問的終點。因此，幾百年未見一位偉大的學者。擁有自己想法的人，或是稍有異端思想的人總是被人加以排拒，其結果導致認爲維持現狀就好的老人最得勢。因爲老年人對過去的事物最了解，任誰都得對老人低頭。

在中國家庭中長大的小孩，自幼即被灌輸「敬老尊賢」，絕對不可違背長上的想法。筆者所稱中國人的中華思想，是像基因般的遺傳於中國人的身體當中。因此，中國人已習慣於此，認爲生存於這種社會是一種宿命。

中國人絕無改變這種中華思想基因的想法，因爲假若改變了即不成爲中國人了。他們一直在拚命學習中國的偉大之處，同時亦自認自己是偉大的，一旦改變則自己的意義就喪失了。文化層面上的認同感失去了，即會出現嚴重的喪失感，因此繼續遮住眼睛，想像自己是偉大的，根本不想睜開眼睛看清事實。

中國人絕對不去反省中國到底那裡偉大，這與中國人注重過去歷史、對聖人化的人，和聖典化的書不准批評的風土有關。

廣大的人口與鐵器生產將森林破壞

談到中國的山河時，首先浮現眼前的即是禿山。談到山，日本人及台灣人一定聯想繁木林立的高山峻嶺，但中國的山一般是見不到樹的，全是光禿禿的，表面剝出黃土、赤土，變成可憐兮兮的童山濯濯。想看看草木繁茂的山，若不到黑龍江省的大興安嶺和四川、貴州、雲南省等西南地方，及比較內陸的地方是看不見的。事實上，連上述的地區於新中國成立後的四十年間，亦不斷地被亂砍伐，若想看到森林還非到更深遠的內陸不可。

現在中國國土的森林面積極小，大約只有國土的十二%左右，日本則有將近七十%，中國只有日本的六分之一左右的比率。森林極少，不僅是綠樹少的問題，森林的被覆率太低的情況下，會引起表土的流失，造成河川土沙堆積，黃河及長江等河川氾濫，黃沙紛飛，蝗蟲蚱禍大流行，到處受到嚴重的災害。

森林的消失是因爲鐵的生產，鐵器生產令中國文明在東南亞世界獲得壓倒性優勝，但森林也因此喪失了。爲開採一噸的好鐵，必須砍伐幾公頃的森林，製成木炭。由於中國王朝交替是因戰爭而起，因此如何製造武器即是問題，也就是要鍛鍊良鐵製成武器，如此自然要破壞環境。

自然破壞最有名的例子是萬里長城，以人爲方式將環境分斷南北，改變生態環境。

萬里長城是破壞自然的元凶

同時動物的相互往來、交流也切斷了，一部分動物因此死亡。人們對萬里長城極爲讚賞，其實它對環境造成極大的破壞。

有個笑話，中國歷代官府前、左右，見木必伐，原因是木接近官府爲「棺木」，是不祥。這樣使無辜的樹木受到很大的災難。

與飢饉和改朝換代同時進行的自然破壞

第二種自然的破壞，是由飢饉產生的。飢饉時，農民爲求食物，最初是取草葉爲食，其次是吃草根樹皮，彷彿蝗蟲螞蟻過境，連樹皮、草根都被吃盡了，甚麼也不留下。環境漸漸地惡化，人吃起土，最後人吃人。

這時王朝交替的大混亂發生了，王朝交替

期的五、六十年之間，流民四處流浪。為了生存，一家人一天約需十公斤的煤炭燒飯煮水。現在，中國一年間約需六億噸煤炭，但中國政府供給能力只有三億噸，人民進入森林，無非是盜取薪柴，森林因此慢慢地減少。

到了改朝換代時，事態愈發嚴重，國家的統制力消失，人心發生動搖，人逐漸流動化，找尋燃料慢慢地更為困難。結果，民衆將附近的森林砍來當柴燒，大量的流民因沒有東西吃就砍伐樹林吃。平常即破壞森林，在王朝交替時更造成重大破壞，而且未見植樹防止破壞延續，於是破壞加劇，環境慢慢地惡化。

變成如此是因為地域社會無自治能力，自己的社會無自救的力量，無法靠自己的力量恢復。如此一來病情漸漸惡化，最後只有衰老至死，但新生的小孩又出來了，而且那些小孩又是老一代的翻版，而這種狀況正是中國的現狀。

從吃土到吃人的文化

筆者的友人黃文雄先生所著《中國殘酷物語》（中譯本：《中國吃人文化一〇一謎》），其副題為「不為人知的中國食人史」，誠如副題般，該書寫著中國延綿數千年的「吃人文化」。

談到吃人的研究，立刻令人懷疑，被認爲是一種半開玩笑的研究或應時的東西，但他的研究卻非常具學術性，該著作採取的典據全來自《史記》、《漢書》、《後漢書》、《三國志》、《資治通鑑》等中國的經典著作，其論證連中國人也無反駁的餘地。就黃氏的觀點，吃人與人口問題是有關的。

黃君博覽古籍，寫出人吃人的全部史實，道出演成吃人的原因——遭饑饉侵襲時，官僚把農民的米全部收刮殆盡。農民自己拚命收穫的糧食一旦全部遭沒收，因爲沒得吃，只得吃草葉，吃完了吃樹皮、最後吃樹根。先是吃鼠、蟲，後來吃土，最後吃人。由於不忍吃自己的小孩，遂相互易子而食，例如以老王的孩子與自己的孩子交換，我吃老王的孩子，老王則吃自己的孩子。但中國人絕不會吃自己的雙親，且即令非自己雙親的老人也不吃，這即是以老人爲主的中國文化。

自然條件和偏西風使中國沙漠化

以人工衛星拍攝地球時發現，中國已沒有森林，約只剩一成的程度，與完全消失無

中國沙漠化

異，而且其地表面逐漸在沙漠化，甚至挖掘一百公尺的深井也不見地下水冒出來，這全受沙漠化的影響。這是幾百年來自然破壞的結果，已經完全無可救藥。一九七二年在長沙附近的馬王堆中發現一具二千年前的乾屍，二千年未腐化或許其埋藏技術優良，但這也證明大地未有一點水氣，極乾燥之故。中國不知該憂慮的一面，却大吹其漢朝屍干。

根據氣象學的理論，地球中緯帶附近有偏西風現象，通過日本上空的噴流，就是這個偏西風的現象。比如說大阪昨天下雨，接著東京今日就下雨了，這是因爲隨著地球轉動，雲層會向東邊移動所致。中國也是一樣的，風是由西邊吹來的。可惜中國西邊沒有海，全是高山高原，由亞洲中央吹進來的風因濕度不夠，雨雲不易形成，雨量極端不定。乾燥的空氣吸取地下的水分，漸漸的形成今日的「乾土」和沙漠。

在欠缺行政能力的共產主義體制下，根本無視於沙漠化的進行。

無植林、無改革和無自淨能力的社會

中國共產黨的行政能力，最多只能統治五千萬人口，但現在中國卻有十一億以上的人口，約等於實際能力的二十倍，完全超出最高容量。

更嚴重的是，中國是一個缺乏自淨能力的社會。所謂自淨的社會與非自淨社會的概念，在此略加說明。例如美國、日本，她們皆屬自淨的社會，哪邊有傷口，自己可以很快的癒合；她們的地域社會、社區有活力，自己可以治癒病痛。但中國的社會並非如此，一旦部分傷口崩開，即會慢慢擴大，最後連組織都破壞了。這即是非自淨的社會，當然環境保護等則全然無力顧及。

中國最近在山上植林，其速度根本趕不上破壞程度，不僅是森林被覆率低的問題，嚴重的是森林破壞仍在進行。

政府看來是拚命在植林，但也只是像燒石澆水般緩不濟急，除無錢買煤炭的農民盜採林木爲燃料用外，因木材高騰而眼紅的地方幹部，藉各種名目盜伐林木，有許多時候甚至與那些監視亂伐違法行爲的官員勾結。民衆不管政府的呼籲，對環境的破壞並不關心，反而眼看官方違法濫伐也起貪心，覺得自己不盜採便是損失，因之亂伐更爲普遍。

因此若國家政府未有指示，地域或民間是不可能大興植林事業的。

非自淨的社會的定義，不僅是指環境而已，也可指社會的、政治的。社會、政治一旦遭污染，修正或煞車已不能奏效，在中途又不具備修復的能力，終於演成悲劇收場。唐山大地震，約有二十多萬人死亡，遭地震破壞的場所，因無法輕易修復，本身又不具修正能力只得丟棄。中國政府根本沒有這種行政能力，誠如不斷陳述的情形般，在如此大災害背景之下，更暴露了中國社會中無橫向組織的弱點。

中國歷史上，頻繁發生的革命，正說明中國社會是一個無自淨能力的社會。中國式的「革命」(易姓革命)是宣布社會的死亡，假如社會具有自淨能力，在事前進行改革，應不致於引發革命。

以三百年爲歷史周期的中國王朝

中國的歷史具有一定周期性，談到這個問題，最近有一些親中國派的學者，指責不承認中國歷史發展的循環論、停滯論的見解，是與戰前流行的法西斯史觀相同，乃是故意忽視中國的歷史與文化云云。但我們把秦漢以後王朝的交替史做巨視的分析，任誰也不能不承認中國歷史是有一定的周期性。

下圖所示的周期律，是楊逸舟先生的周期律再加上筆著的想法。楊逸舟氏是戰前長期滯留中國的歷史學家，戰後受國民黨的迫害，三十餘年來，流亡日本，以著作爲生，直至一九八七年才在東京亡故。他在所寫的《蔣介石傳》一書中，發表了這項歷史的周期律。該周期律指出，中國史的周期律大體上以三百年爲一周期，該周期律是以武力與表示文明、文化的生產力指數，和顯示經濟性意義的生產性指數畫出的曲線，但該周期律仍有小小的不足，他把人口與經濟能力用一個曲線表示。筆者以該周期律爲原型，用三條曲線表示，一條爲武力，顯示帝王的統治力，另一條爲生產力顯示經濟力，第三條線爲人口。

在革命發生、王朝交替之時，人口大約只剩一半左右，或甚至減至一半以下，減少的部分是死亡和流亡。武力隨著新王朝的軍事力強化而增強，該曲線是正規化的形狀，每一周期的長約三百年。

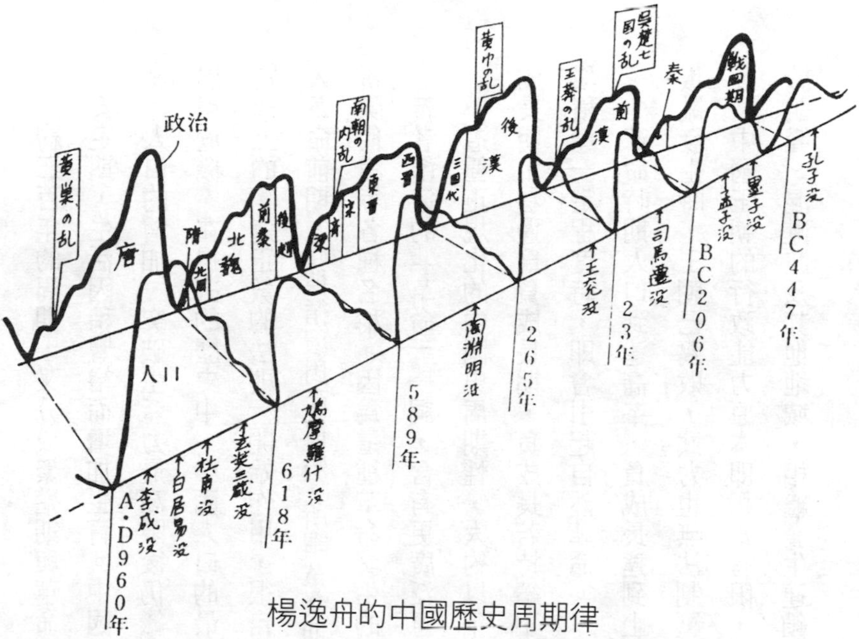

楊逸舟的中國歷史周期律

中華帝國的各王朝中，除蒙古族的王朝統治，維持約一六〇年很短的時間之外，其餘幾乎都是三百年。武力在王朝完成後，即走下坡。這是因爲中國的王朝專制獨裁，要求絕對權力。但絕對的權力會產生絕對的腐敗，爲支持軍事力，行政能力衰退，武力必然隨之消退。

經濟力中最重要的是，平衡點的概念，其中尤以人口對生產平衡點最爲重要。在平衡點前期，以現代的話來說，每個人的國民所得逐漸增加。其後增加發生鈍化，最後增加停止，終至離開高峰期。其後即呈現停滯現象。也就是人口增加超過生產力的增加，國民所得減少至無法生活的程度，國家整體陷於負成長期。

約三百年的周期，又分成繁殖期與革命期，繁殖期人口逐漸增加，新王朝的統治進入安定期，生活因稍豐裕而增加生育。中國人以「百子千孫」爲理想，無限制的大量生產。人口的增加，突破生產力最高限後仍繼續增加，因生產力趕不上人口的增加，糧食出現危機。在過去的歷史中，中國人口的最高限爲一億，接近一億程度的人口時，則生物學上的「適正數的法則」開始作用，很自然地會發生天災、饑饉、戰亂等，社會又進入革命前期，此種循環周而復始。所謂革命期約有六十年，筆者稱這種革命爲自然革命、新陳代謝等各種名稱。因爲這種革命發生的原因是自然產生的，比社會主義者及馬克思主義者創造的「革命」一詞，含有更廣泛意義的概念。

這種正規化的中國史周期性，大約以下面的圖可以了解，曲線的斜綫部分，左邊爲成長期，右邊爲負成長期，負成長若持續不斷，這負成長的部分則累積爲社會性，這種累積達一定程度時，即會引起自然革命。

革命時期人口到達高峯，負成長達到上限，因飢饉與天災揭開亂世的序幕。天災與叛亂發生時，王朝已腐敗，武力也無法制壓。

中國王朝的行政能力原本即相當有限，一個地域發生飢饉時，不能迅速處理，以至於飢饉、混亂波及其他地域，相繼發生連鎖反應，王朝的統治力消退使混亂擴大，這更

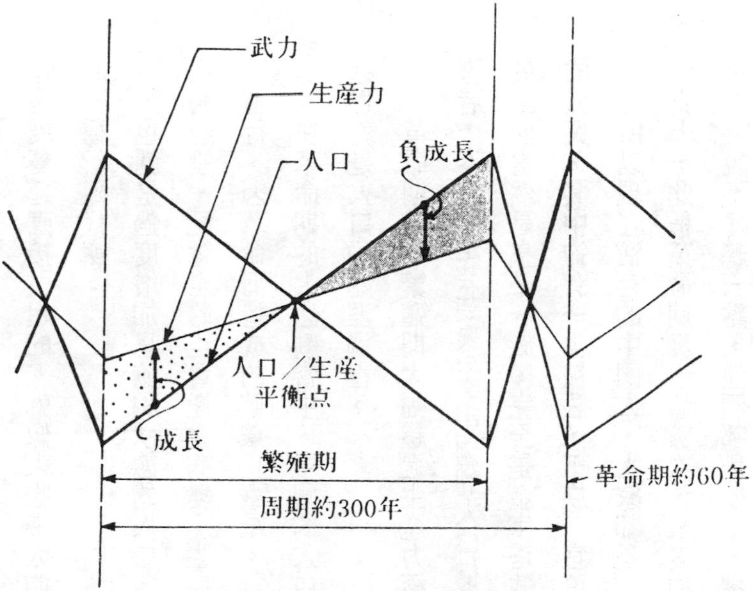

圖案化的中國歷史周期

導致統治力的喪失。於是追求次期王朝的新軍事力抬頭，急速地樹立全國統一政權，曲線中顯示其武力的上升。

新王朝改變了舊王朝的姓，因此被稱爲易姓革命，例如李氏（唐朝）取代楊氏（隋朝）時，自舊王朝失去統一政權起，到新王朝的國家統一爲止，大約需六十年，其後再度進入繁殖期，重複著相同的周期。

革命期人口減少是社會自然的新陳代謝

超過生產與人口平衡點的繁殖期，累積著負成長，如此的累積是一種緊張累積，助長大破綻的出現，生產與人口的不均衡到達極端的程度，蓄積了社會組織無法負擔的負成長，大悲劇終於到來。最初的破綻是由水害、颱風、大地震等天災、旱魃及病疫蔓延直接引起的。就像人吃得太飽，達到飽和狀態時，非得排泄一般，這是社會的一種新陳代謝。

也就是過度增加呈飽和狀態的人口，非得排泄不可，若無法進行新陳代謝，有如人生病一般，社會全體也會產生病變，生病就是革命期的開始，革命開始時環境破壞也快速進行，因革命而造成的破壞更嚴重。

在革命期的大悲劇當中，中國的人口減少一半，是歷代王朝轉換期的寫照，革命的過程就是人口的處理過程。

革命期時，繁殖期大幅超過生產力極限的人口因此被整理，在革命期的混亂中遭殺害者，大約皆是芸芸衆生。中國的人口構造，下面是平民，上面是王朝的官僚和士大夫，最上面當然是皇帝一族，完全是金字塔式的社會結構。結果被殺的是在三角形中最底層的庶民，其中約有一半被殺，王族、官僚因知道迴避而得以逃生。

所以現在活存的中國人，大家都是王族的子孫，因爲庶民的子孫已被殺光。而且在歷史上，此種革命期發生無數次，數度的篩選之後，仍得以留存下來的人可稱爲歷史的精銳。說不好聽一點，他們都是狡猾、精明的人，有很強的優越意識，具有徹底中華思

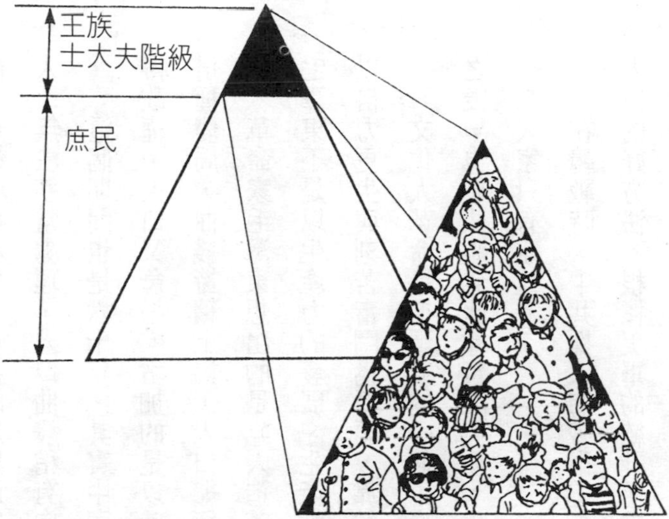

歷代戰亂使庶民死滅大半
現在中國人都是王族之後

想的人。即連中國的庶民也都具有強烈的菁英意識，將少數民族、外國人視爲傻瓜，因爲他們經歷革命的淬礪。

大混亂的革命期，具有處理大規模過剩人口的機能，在處理人口之後，新王族誕生。病弱的人遭到淘汰，強的人獲得生存，成爲指導者，他們擁有力量深具殘虐性，不相信他人，企圖將對手完全殲滅殺絕。不僅是將對手的肉體毀滅，還破壞他們所有的文化，殘殺對方的子孫。不如此恐遭對手殘黨企圖捲土重來而蜂起復仇，徹底的不信感可見一斑。

毛澤東和鄧小平的人口處理方法

下圖顯示進入中國共產黨時代，爲此種傳統的另一典型。圖中，顯示共產政權成立後，革命不再發生，傳統的周期已經破壞。由於革命不發生，人口曲綫又逐漸上升，因人口無法適當處理，人口曲綫稍有向下，隨即反轉向上揚。

這個期間也是六十年，其實中國人的時間一巡也正是六十年，一九四九年共產黨取得政權，人口又急增。增加的是以前累積的負成長部分，因爲這個共產黨王朝無法處理這種變局，曲綫持續上揚，人口繼續增加。

革命家毛澤東想出的是「人造革命」的「毛澤東式療法」。儘管以社會主義爲目標，毛澤東不是以生產力的發展、生產性的向上爲重點，而是將重點放在生產關係的變革，以自力更生與刻苦奮鬥爲標語，靠精神的刺激達成社會主義工業化。

文化大革命是毛澤東的一個信念表露，深知歷史周期律的毛澤東，取得共產黨政權之後，也無法避免此種新陳代謝。生產性很快即進入飽和狀態，人口還不斷增加，如此一來大家只有餓死。

在韓戰時，中共採人海戰術迫得麥帥遭調職是相當有人名的，這未嘗不是處理過多人口的好方法。根據美軍的統計，美軍戰死者有三三六二九人，負傷者有一〇三二四八人，中國的死傷者是美軍的數十倍，根據歷史的法則，革命發生時人口多少會折減。共

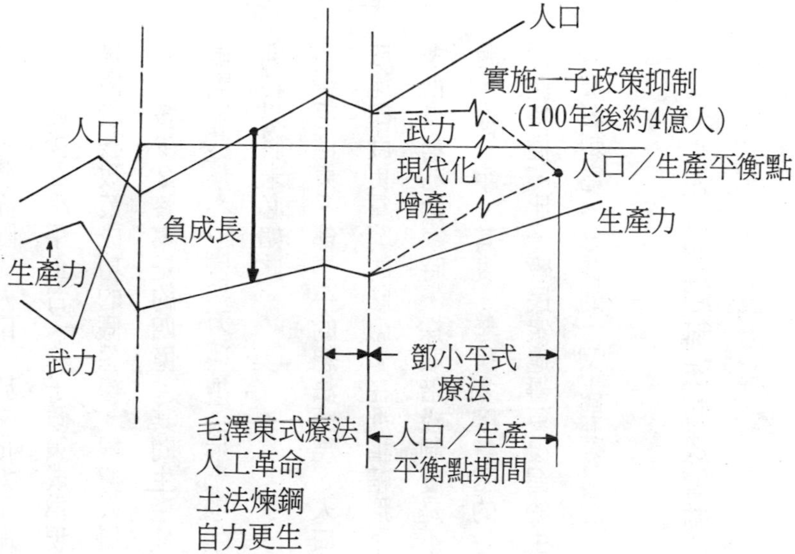

歷史循環破壞後的對策

產黨掌握政權後，展開持續的階級鬥爭，連續進行革命，每逢與自己想法不同的人，則以「資本主義同路人」、「實權派」、「修正主義者」、「反革命分子」加以批鬥。

但是採此種革命加上「文化」的名稱，我們無法領略，若以「政治大革命」稱之更易理解，筆者稱它爲「人造革命」，以別於「自然革命」。因爲革命原因是人爲的。

革命成功以後，既不能沿襲原本人口處理的方式，唯有將生產飛躍性提高，或者抑制人口的成長。但他們與近代化或現代化却是無緣。中國解放以後，至毛澤東死爲止，他雖推動著他所想的革命方法，但包括文化大革命在內，都不算順利。已經超過生產極限的人口，於文化大革命時期再度急遽上升。

之後鄧小平上台，一子政策成爲現代化成功與否的關鍵。圖中以點線顯示的部分，是假設該政策成功的假想線。根據人口計算，假若一子政策繼續採行，一百年後人口將剩下多少？答案是約四億。其間生產性若有某程度提高，則或許可尋得人口對生產的平衡點。此種人口處理方法稱之爲「鄧小平式療法」。但若一子政策計劃無法持續一百年，則結果將未必如此。

毛澤東、鄧小平的想法認爲，人口過多，多到追不上生產力。因長期趕不上最後陷於比印度更貧窮的狀態，在那種情形下除了讓階級制度復活以外別無他途。統治人口過多而貧窮的國家時，採取階級制度是不得已的必然方法。大家吃得飽時談平等；吃不飽時，你一半。其實，無論多麼貧困的時候，自認爲是中國菁英的高級幹部、共產黨員仍行使特權，比一般民衆過得更優渥的生活，這種事情絕不是最近才有的。因此中國共產黨被諷刺爲「分貧的」「中國共貧黨」。

人口問題無法解決導源於不信感

最根本的關鍵，在於人口問題無解決對策，在革命時期透過新陳代謝，可處理掉一半以上的人口，人口減少至一半以下時，國家減胖，對生產的人口壓力顯著減少，於是社會又得以步上發展的軌道。

但中國人以「百子千孫」為理想，只要有點餘裕時，即把大半精力投入人口「生產」，也就難怪物質生產力一直無法超過人口增加的速度。即使鄧小平式的強力國家統制，持續一子政策，只要中國人百子千孫思想不改變，統制一旦鬆弛即回到原狀。何況現在，有辦法的照樣多生。

中國人的三大幸福是為財子壽，也就是多錢、多子、多壽三項。「百子千孫」對中國人而言，不但是一種理想，同時也是一種本能。

例如，皇帝有三十六宮七十二院的女人侍候，女人這麼多問題也不少，於是交由被去勢的宦官處理，因為他們喪失生殖能力，所以不必擔心。

宦官是中國獨特的產物，出現這種將男性去勢，讓他們擔任宮廷內管理的想法，使人毛骨悚然，主要是由於對他人的不信任感而來。然而這些宦官時而形成一大勢力，進出於政治舞台，或是操縱愚昧的皇帝，專斷擅權的行跡不勝枚舉。這種宦官制度持續了幾千年，這恐怕也是中國固有的現象之一。

中國人爲何以「百子千孫」爲目標，這無非是不信用他人，因無法信賴他人，才自己生小孩來接掌事業，這是百子千孫的基本想法。

因爲各自以「百子千孫」爲目標，努力於「生產」，人口就急速增加，結果生產力趕不上人口成長率，最後只得靠自然的新陳代謝。最初因地域性規模的天災、戰亂，人口壓力雖可獲得某種程度的紓解，但到了無法收拾時，一口氣有一半以上遭殺害，大量的人員犧牲之後，接著生產力才趕上人口，經濟力因此再增加。

弱者遭淘汰，老廢物被排泄後體質轉強，各家庭再度以「百子千孫」爲目標，開始展開競爭，又重複著同樣的情形，這是相當自然的過程，中國人已習以爲常。

最終使人口消滅大半的革命

這與皇帝或共產黨員無關，大家都一視同仁，也就是，在革命時期強而有力的人、聰明的人、狡猾的人可獲得生存；羸弱的人，不會鑽營的人多被淘汰。

因此，現在的中國人，皆是未被殺害者的子孫，他們的祖先一定是了不起、有辦法的人物。

常可看到或聽到「老子現在雖落魄了，但老子的祖先是皇帝」這種自豪。若他是有地位的就更不得了。知識分子教育人民，強調中國人是了不起的，使乞丐也有「瘦死的駱駝比牛大」的自傲。這樣強烈的血統主義和種族主義，由文化大革命期時，流行革命家的孩子是革命家，反動分子的孩子是反動分子的說法可見一斑。

人口處理結束後，開始再出發，學者、知識人之中有的頑強地刼後餘生，開始服侍新王朝，他們抹黑前朝，將新王朝正統化，說因爲前朝皇帝是暴君，新的皇帝代天行道，起而誅之，這即是「替天行道」的理論來源。皇帝本來即是天之子，若天子逆行甚道，則一定要有人取而代之。

無道的天子人人可誅之而取天下，這即是革命的遊戲規則，所以屆時只要宣傳自己是天的代理人，大約可見勝負。

爲獨佔權力的焚書坑儒

代天行道，殺了失德的前朝皇帝，取天下而代之，自己當上了皇帝，新王朝於焉誕生。新王朝的開基皇帝通常勞苦功高，第二代是因老爸的蔽蔭生爲王族，只知近女色設後宮，爲自己的享樂開始浪費帝國的錢財。然而開基聖皇、或第二代皇帝在掌握了政權後，對新王朝的未來仍有不安感。所以，要將自己部下——多半是樹立新王朝有功的武將，儘可能的一一排除。

部下當中有比自己或自己的孩子更有能力者或更有聲望者，最好是除掉較安全。這時即會制造各種陰謀，巧妙羅織罪名加以殺害，例如明太祖朱洪武曾集功臣於一堂，在慶功宴上裝了炸藥，一舉將功臣殺了。

這種想法是中國式的，認爲即令是效忠建功的部下，也無法信任。

秦始皇在這一點也不落人後，統一天下之後的秦始皇，認爲儒者（智識分子）是最不可信的，這些人隨時可能媚惑世人，也可能自己構築天下，所以將儒家的書籍全部燒毀，將儒者全部活埋。漢的劉邦平定全國之後基於劉氏子孫的安危，將有影響力的部下幾乎捕殺殆盡。

只關心過去關係的縱向社會

所謂「一盤散沙」，並不是自然的形成那樣，而是權力者讓它變成那樣的，因爲這樣做比較容易建立統治體制，絕不許任何人組成自己的組織，若有人設立組織是要被處刑的。如此大家都人人自危，此時若仰賴權力中心則最安全。而且若某人對權力者稍有微詞即會遭密告，密告制度是很早以來即被獎勵的，現今仍被沿用。

在這種社會中，人與人是不會互相協力，而中國人原本即自認自己偉大，因爲自己的祖先了不起，當然不需要別人的協力。中國人有可怕的強烈自尊心，久缺協調性與妥協性。具有自己與自己祖先是一體的意識，也就是祖先的光榮也是自我認同的一部分，這一點與歐美不同。歐美人是沒有祖先觀念的，自己的雙親並不重要，自己和子女才是最重要。

例如，歐洲人移民美國時自己的祖先形同消失，視祖先爲次要的次要，重要的是今後將怎樣來好好照料自己子孫。但中國人的想法只是一味回顧過去，而不願面對當前，他們最大的關心是，與過去的關連如何？與上面的關係又如何？

例如，中國人非常拘謹於輩分或輩行，輩是指世代，是指排行第幾代的代。假如自己的輩分是由某位祖先或始祖算起第八代，而對方卻是第十代的排行時，則自己即是對方的祖父輩。此時年齡是不相干的，假如對方打了我，那就如同孫子毆打祖父般，這是絕不可以的。比較祖先的距離遠近，或許是相當無聊的，但中國人卻以此爲重要的順位標準。這表示中國人一生下來就被祖先咒縛，失去很多自由度。

世襲制度是平等和民主主義之敵

在縱向的社會中，是培育不出平等思想的，因爲橫向關係已被斬斷，人與人之間不是指揮他人，就是被他人指揮。中國人是超保守的，所謂的保守是指在社會階級上採取世襲制。在中國各王朝統治之下，確實是採取科舉制度，表面上一般人皆可參加考試。但若要考上科舉非得費上半生的功夫，並且若非富裕之家絕不能負擔。表面上社會是不允許世襲制的，但實際上官僚的椅子正如同被世襲一樣。

這種保守主義、世襲制，是平等與民主主義的最大敵人。

表面上平等的中國，到處充斥著特權和高級幹部的子弟爲所欲爲。由全國的水準來看，中國才剛剛實施小學義務教育，在一百人的同年齡小孩當中，進大學的只有一·五人到二人。這是世界上最低的水準。父親居住在大都市的高級幹部子弟，幾乎皆進入重點小學或重點中學的精英學校，其中大多數於大學畢業後到國外留學。

生來就存在的不平等，仍然歷歷在目。

第4章

儒教與宮廷文化的國家

以人爲對象的儒教是直觀的而非分析的

關於儒教有各種的誤解，自古以來不僅是中國，朝鮮、日本、越南等東南亞世界，儒教都被奉爲聖人的教誨，或許是因爲赢取了統治者的信賴，至今孔子、孟子等儒家仍被推舉爲中國文化的代表，但是讀了《論語》、《孟子》即知道，根本就沒有什麼深奧的哲理。

法國的文化人類學者評析《論語》，稱其內容有如印地安長老的教訓話，這種說法一點也不爲過。但有一點不同的是印地安人並不像孔子、孟子那樣，有究明處世之道的想法。

與現在的中國比較，還不是人浮於事的春秋時代，以孔子所代表的士大夫，在野則以仕宦爲目標，在朝則以晉升高位爲第一，終日汲汲營營，周遊列國，奔波於仕宦之途。

立身處世的孔孟之學——儒學——是直觀的、非分析性的。中國人將直觀引導到現實世界主義，現實世界因此無法產生宗教，所以要求有形事物。

中國人非親眼見到絕不相信。所以孔子說「百聞不如一見」，即表示直觀，表示用眼睛確認是相當重要的。中國人因為要求直觀，所以理論性思考不發達，他們不喜理論的建構及抽象的思維，也就是無法將想法理念化。

其次是為什麼沒有分析力？因為儒教大約皆以「人」做為考察的對象，而觀察「物」必須具有分析，至於觀察人則不用分析。中國的學問是歷史的，是人與人的學問，那是企圖想追究如何與對方相處的學問，這種只是以人做為對象的觀察，當然就不需解析力、分析力，內容只有直觀的、具體的，毫無抽象的、理念的。

對自然、宇宙完全不關心，因此也不研究；王朝為統治人民，對於物的研究也就毫不關心，如何保持上下關係，如何維持倫理道德才是關心的對象，社會的平面關連根本在考慮之外。

喪失理想，對現實的玩世不恭態度

中國人令人生厭的現實主義，是因為生活在嚴苛的環境之故，中國人的現實是對過去的檢視採現實主義，易言之，過去是實存的，是現實的，而未來是理想。儒教強調對雙親的孝順，以孝、順為基本，因為教導父母雙親比子女位高一級，因此小孩子在老人的面前就不能抬頭對等，這形成老人掌權和老人政治。雙親、老年人至上，老人喜歡談過去、談現實，青年喜歡談未來、談理想。官僚出身有輝煌過去的老人，只會不斷重述自己過去的歷史。

老人家的來日不多，所以沒有什麼未來可談。

另一方面，年輕人因無法從老人分到權力而被當做社會的附屬品一樣，所以對未來無法抱持希望。一個無法給年輕人希望的社會是沒有未來的，少年或許各自對未來有打算，但只是一個人的打算，反正自己是老人的附屬品，無法發揮可能性。

因此，年輕人表現出自我放棄的玩世不恭，擺出一付天底下沒有新鮮事態度。

這種現實主義態度，與中國自然條件的嚴酷有關，因爲自然環境、社會環境艱困，所以非得採現實主義不可。民衆再三的受現實煎熬，對於將來的不安，導致即令在困頓的現實中橫爬，也要像豬狗般生存下去。這或許是值得尊敬的習性，但民衆愈是容忍此種生活，統治者得寸進尺，也就愈毫不猶豫地欺壓人民，待之如豬狗般。

犧牲未來的過去崇拜

理想主義在老人政治之下無法產生，中國共產黨的出現更加與理想適得其反。在奪取政權之後，中國共產黨所做的，一言以蔽之，只是權力鬥爭而已。這一點與過去的王朝沒有兩樣——中國共產黨革命成功，是因爲中國極端貧窮，而且當時掌握政權的國民黨並未提出有效的對策。政府處於無策、無能的狀態，加上鄰國蘇聯的社會主義革命成功，影響所及才使中國共產黨誕生，其後蘇聯的存在製造了對共產黨有利的條件，這實在是歷史的偶然。

中國共產黨雖宣稱從根本否定過去，讓理想主義復活，要帶給人民民主與平等，但宣傳終究是宣傳。

中共確實曾一度否定儒教和老人統治，人民也頗能接納。但無論是幹部或民衆，只是腦子裡接納這些，一旦自己成爲統治者而教導人民道德、倫理時，其教導的方法卻是僞善的強制，與過去的統治者、道學者無異。

與過去相同的是，民衆爲了吃飯，把自己不相信的事情裝成一付相信的模樣，而幹部自己即使年紀大了也不引退，絕對不會把位子讓給年輕人。他們濫用革命的言辭，繼續蹲坐在權力的椅子上。

集結青年的活力好不容易才獲得勝利的革命政權，很快的又變成老人的天下了。

儘管恭維勞工、農民是國家的主人，但這些主人四十年間並未受到適當的教育。未受過任何政治訓練的民衆能做什麼呢？只能把革命用語、社會主義用語像呪文般唱唱而已。

假如民衆的政治意識眞的很高，具有批評共產黨的能力的話，領導階層及幹部也不能如此高枕無憂了，同時特權分子的胡做非爲，對貧窮及無知的民衆的蔑視也不可能發生。共產黨政權誕生之後，中國開始把幹部及後補幹部的教育當做重點，但是對一般大衆的教育採取敷衍態度。

未具相信未來的條件之國

無可否認，在獲得政權以前的共產黨，是相當具有理想色彩的，這一點與中國的傳統是異質的。由此可見共產黨應該知道中國無法發展的病根。毛澤東因熟知中國的歷史，才知道把中國式思考、孔子思想全面加以否定，果然共產黨做了應該做的事，把中國人要回歸過去傳統的思考架構之路斬斷，將讚美過去轉換成讚美未來。

說中國人不相信未來，還不如說他們無餘裕相信。他們因爲不相信別人，也就無法結合可改變未來的同志，如此只得緊抱著當前的現實。換句話說，中國人沒有相信未來的條件，假如能創造這些條件，中國人應該可以談未來。

中國的思想完全只重過去，認為過去是正確的，批評過去是錯誤的。談到過去就是提到體制，昔日學者所做的體制，後來的學者不可以將之推翻，若是誰有勇氣批評過去，即會以異端邪說之名遭逮捕、殺害。

過去不斷地累積，沈重的過去使現在窒息，因過去的壓迫感，沒有人還有精力高唱異論。例如，中國舉辦的國際展覽會，會場上往往有萬里長城、故宮的模型、山水、書畫等許多舊東西，顯示中國重視現實是有其背景的。

此外，中國一直未產生宗教。宗教是一種注重未來的東西，是思考自己的死後、來世的東西，可見中國人不思考未來。孔子也說：「不知生焉知死，」顯示對來世的不關心。相反的，中國人卻背負著過去沈重的歷史包袱，視昔日之事為珍寶。如果有人問，那為什麼中華思想綿延數千年？答案是他們因為視過去為珍寶才得以維繫保存。假如中國人對未來比現在更抱持希望，不再固執過去的種種，那麼中華思想必定面臨消滅的危機。

或許有人想把這種麻煩的東西丟棄。但中國人太執念於過去，因此現實不管如何歹困，中國人仍然只會袒護中華思想。

士大夫是出賣忠誠的皇帝附屬品

提到士、農、工、商，立刻令人聯想日本江戸時代的身分制度，在中國所稱的士，並不是武士，而是指士大夫。武士與士大夫，各為日本與中國的統治階級，但兩者的存在大異其趣。士大夫並非武人，而是文人。日本人尊敬武人，在歷史上武人的角色也較重要，但中國的武人是微不足道的，全然不是被尊敬的對象。思考日本平安時代的貴族，他們能夠持續一千年以上的政權，由此就可以理解日本武士的地位。

武人用自己的武力獲得權勢，士大夫則靠古典的教育得意於仕途。士大夫無論如何總是官僚，只能與中央政府的權力緊密勾搭，才可行使自己的權力。士大夫皆誓言直接臣從皇帝，假如不再幹皇帝的臣下時，權力立即歸無，什麼也沒有了。

中國皇帝與其重臣的關係，和日本的「殿樣」同其家臣的關係完全不一樣。「殿樣」只是被捧出來的珠玉。皇帝的臣下是因有皇帝才有臣下，皇帝的喜怒可決定其去留，一旦觸怒皇帝即可能要死，所謂重臣與老百姓並無不同，他們朝不保夕隨時失勢。無論其功績如何、能力如何，一旦有違皇帝的意思就要斬頭。所以重臣只能對聖上誓死忠誠，重臣之間彼此仇視、相互排擠，爲了掌權，互相欺騙、互放暗箭，甚至演出趁虛而入的暗殺等等，人民不管如何的憎惡都無關緊要，討皇帝歡喜才是最重要的。如果我們把皇帝換成中共主席，即可發現中國權力鬥爭的歸趨。

政治等於文化，「文化人」李白杜甫皆爲官僚

中國由王蒙出任文化部長時，日本發出文化人變成政治家的質疑，這種疑問只能說是對中國文化的無知。孔子及孟子等儒家，曾被其他學派諷刺爲求一官到處獻醜的樣子有如「喪家之犬」。這是指其形狀動作彷彿死了主人的家犬，搖尾討好其他人飼養。

杜甫與李白這些偉大的唐朝詩人，也皆是官僚，他們全是做官的。大詩人杜甫所說的無非希望做大事，期待好的官位。日本人一提到詩人就想到西行、芭蕉等漂泊形象，很難理解「官文一體」的中國文化。

過去的士大夫都是一批接受古典教育的文人，在古典教養中，主要爲儒學知識，科舉即是對儒學知識的試驗。所以他們即使科舉合格，成爲官員，對解決社會實際問題的

知識及技術一概不知。

然而唐以後的各王朝，皆由這些士代夫營運政治，優秀的政治家即是優秀的文化人。這是中國人的理想。一般認爲毛澤東比周恩來偉大的理由是，他文字巧妙，能詩善詞，而且文章有獨特風格。周恩來與之相比只是一個實務家而已。

筆者已數度提過，中國人最大的希望是當官，這是一般人的夢想。只要優秀即能當官，即會被朝廷錄用。

俗話說：「書中自有黃金屋，書中自有顏如玉，」意爲只要當了官即有黃金屋可住，有美人爲妻，以此獎勵學問，因爲學問之路正是出人頭地之路。

因爲此種想法已根深柢固，所以作家變成大臣也就沒什麼不可思議。現在的萬元戶流行爲孩子高薪聘請家庭教師，無論如何要讓孩子上大學，道理也是一樣。因爲考上大學等於考上科舉，此種想法與是否爲共產黨員無關。幹部與民衆的差距非常大，幾乎兩相隔絕，因此大家都希望成爲高幹。當外國人參觀中國的官廳或農場時，總可看到中共幹部追趕民衆走開的一幕。越是上位的人，權力則越增加，可任意行使特權。

做文人是往上爬的方法，文人拚命讀古書，考上科舉就變成官僚，這是最典型的晉身管道。當官是一般人最渴望的出頭天方式，這對祖先、親戚而言都是非常光耀的。在同宗族當中，若有如此了不得的人，全宗族都同感光榮。

因此，凡優秀子弟，宗族多支助其讀書。

一人得道，鷄犬升天

何以人人想當官呢？因爲官僚具有絕對的權力，官僚擁有莫大的好處。即令收受紅包也不算賄賂，所以文人拚命想當官。一個家族中有人當了官，其家族必然享有稅金降低的特權，還會大量擢用族人爲下級官吏。下級官吏的任用，無需經過科舉檢定，因此可儘情任用。

家族中只要有人考中科舉，不但有了財產，親戚也都分到一杯羹，還可安排自家人在衙門當差，恍如一夜之間羽翼豐滿，在地方上展翅高翔。最後還仗著權力，奪取他人土地，任意收刮農民，全族人因此富裕起來。

中國有「一人當官，九族升天」的俗話，楊貴妃在受寵於玄宗皇帝時，一家族人全當了高官，這種情形與其人是否有能力或有人望完全無關。

官僚這種好差事，於「人民中國」之後一點也未改變。最近，日本的新聞界也常報導中國的「官倒」，所謂的「官倒」，是指官僚利用國家經濟組織，盜賣限制物資，或進行黑市買賣，並從中獲取暴利。根據一九八八年下半年的統計，被檢舉的案子高達一萬七千件，被檢舉的多數爲據有實權的幹部。但這只不過是冰山的一角。即使現在，收賄、私呑公物還被認爲是官員當然的好處。因爲這個想法根深柢固，則仗著特權的官員貪污也就杜絕不了。

雖說政治即文化，但政治支配了一切，權力才是超越一切的。

中國的官僚無所不能，日本的武士因有「武骨」之故，於文化面上完全未能發揮指導性，因此，文學、藝術等未受干涉而可自由的發展。現在的政治家也多自稱不懂藝術。中國的統治者是文人，他們因自認自己是眞正的文化人，當然會干預文學、藝術等各種學術文教政策。中國的文學藝術不像日本那樣，被視爲貧窮公卿及町人戲言，而是自古時即屬於廟堂，現在則被黨嚴格控制的東西。

提到中國文化差不多是指宮廷文化、官方文化。此處所指的宮廷是爲統治機關，因此如果把官和民分開，則中國剩下的只是官方的歷史與官方的文化而已，人民的歷史全未被記載下來。歷史觀也一樣，只是王朝史觀，而未有民衆史觀。

消滅批判精神的科舉是王朝統治的一項設計

前面數度提到科舉是當官的登龍術，科舉一方面選拔官僚，補充人事；另一方面以實施科舉堵住社會的知識人（讀書人）之口。人們一旦無路可走時，定會謀反或叛亂。爲避免亂事發生，唯有給予知識人一點希望；爲抑制不滿，唯有讓科舉存在。爲了考科舉，必須長期唸書，如此一來，經過長期的死背，知識分子的創造性及批判性完全消磨殆盡。

孟子說：「勞心者治人，勞力者治於人。」此話充分表達了中國階級差別的根幹。透過科舉的實施，民衆與少數知識分子形成兩個彼此互不合作的階級。剩下的是讓少數的知識分子獲得滿足，他們即可成爲代理統治者（中間統治者）。這對統治民衆有便利之處，可確保社會秩序之安寧。因爲錄用文人當官僚，讓他們有事做，則謀反之心也就消失了，這對統治者而言不失一舉兩得的好方法。

因採平等競爭獲得的錄用，科舉制度能化解文人的不滿，異民族的淸朝更爲巧妙，她利用科舉撫順了漢族的文人，得以確保自己的統治。

如此的科舉是王朝統治設計之一，如此一來，知識分子可以看見自己的將來，不思謀反，拚命鞭勵自己考試。爲科舉而努力讀書的情形，比現在的入學考試還嚴重，長期間無意義的念誦，青春全浪費在此。

中國的知識人，不像日本的大鹽平八郎活用自己的學問，組織民衆爲實現理想起而叛亂，中國的知識人全部由國家來組織，即是所謂的官僚預備軍。他們愈讀書，他們的思想漸漸地偏袒國家。出身並不重要，只要考上科舉，屆時知識分子即成爲眞正的愛國主義者，屬於皇帝陛下的忠實士大夫。

他們爲了考上科舉耗盡全身精力，因此即使想謀反，也提不起那般氣概。對國家而言，知識分子是統治者的代理人，也是王朝的走狗，更是擁護王朝的幫兇，所以民衆對知識分子的不信任感，是日本、歐美無法想像的強烈與深沉。

不在其位，不謀其事的冷漠症

官僚最關心的是自己的仕途，往往處心積慮，但是對自己權限以外的事毫不關心，而且絕不會有意見。

譬如自己不擔任該職位，則絕不對該職務有意見，絕不做出非本分的事。這種態度，中國、台灣皆相同。

台灣於一九八八年五月二十日，發生上萬農民抗議示威行動，連世界最大的農產輸出國美國都對台灣傾銷農作物，而且還是強迫性的。從美國輸入農作物，國民黨還從中收取回扣。當時爲環境所逼的農民群起示威，憲警對農民毆打，許多農民因此血流全身，其中有一百人以上遭逮捕。

但國民黨聲稱此項逮捕者當中有假農民，聲稱絕不縱容假農民，將他們以叛亂罪名逮捕起訴，並判他們坐監牢。假農民有什麼問題呢？爲什麼捉住這點不放呢？原來以「你們既不是農民，爲什麼可參與農民之事」爲理由。

這是「不在其位，不(准)謀其政(事)」的中華思想理論。其實是不是農民並非問題，因國民黨有違正義而支援農民，但爲緊抱政權的國民黨保守派所不容，他們堅稱「假農民」即是一種罪行。

如此的社會不可能培育社會正義，禁止支援他人的事，即使看到不平，若與己無關，則被迫三緘其口，結果最後連自己都受害。所謂社會者也，是弱的部分由強的部分補助，互相幫助，才可以公平的狀態向前推進。但是國民黨終究是中華思想的繼承者，不僅因身分、階級的不同而有不公平待遇，形成弱肉強食、見死不救之地。

允許爲求生存而扯謊將扼殺社會正義

中國培育不出社會正義的理由，是因爲該社會允許爲仕途、爲陞遷、爲求生存使用任何手段，即使說謊或利用人都可以。爲了仕途即使連自己都不相信的事，也可以若有其事的說出來。

這種扯謊的習慣，在中國官場是屬家常便飯之事，連官僚預備軍的學生，也敏感地察覺政策的轉變，往往能順勢扯些謊。某位留學中國的親中派日本人告訴筆者，他私下去問寫了一篇日本資本主義充滿矛盾，並即將沒落的報告的經濟系學生說：「你眞的如此相信嗎？」這位中國學生回答說自己完全不認爲如此，只是因爲如果不這麼寫就難被接受，他沒法子。

這種例子或許到處可見，但無論是更重要的例子或微不足道的例子若不扯謊，或不知要領，就連進入起跑點參加競賽的機會也沒有！在如此環境下，當然不能期待這位中國留學生發揮勇氣與正義感。

今後中國若要強大起來，首先非要建立起互信的基礎不可。上述的社會基盤若建不起來，則只會維持「一盤散沙」的現狀。

社會結構不改就沒希望，然而中國人只相信家族，如今家族的規模因一子政策變得更小，人們變得更孤立。如此一來，學校教育帶來的關係，例如因住校熟識的室友、同學變得更重要，但對同學會等組織過度熱心，又會引來共產黨的警戒。

中國無禁慾精神，只要人民節慾

士大夫時而被稱爲讀書人，時而被稱爲文人，日本人往往對於中國的知識人，給予過高的評價。知識分子其實只是官僚預備軍，日本人對他們生活型態的看法不可有偏。

中國的知識分子是禁慾的？眞的是重視中庸之道的嗎？禁慾原本是宗教性的，但重視現世利益的中國人無此精神。中國人無禁慾精神，若說有也僅是節慾罷了，算是一種節制，是一種少一點的意思。中國人也無宗教，孔子說：「未知生焉知死，」這句話顯示中國人如何重視生，而對死未有深沈思慮。此處所說的思慮，是指哲學的、冥想的意思，並不是指不怕死或擔心死的問題。

未把死當做冥想課題的孔子，當然不會發展成宗教性的思想。儒教的教導不是宗教的，只算是一種道德教訓。像歐洲式以禁慾來接近神的思想，才是宗教心的起源，這是不求現世利益的、無償的行爲。

所以全無宗教心的中國人，當然就無法實行禁慾。

但以統治者的立場，要求人民節制慾望的想法，在中國是不缺的。不讓老百姓沈溺於快樂，若讓他們過度放縱則往後無法節制，這即是統治者的想法。

就是已失中庸才提倡中庸

中庸是儒家經典《四書》中的一篇〈中庸〉，中即是不偏不倚，不變即庸的定義，這完全是一種理想，中國人強調此觀念，是因爲已不存在才需要強調。老子所說「大道廢，有仁義，國亂而忠臣出」，最能表達此事實。用現代語說「先有愛滋病，才有愛滋藥」就是這個道理。

這即是結果論，講仁義是因爲那個社會已無仁義，就是已不存在才被強調。以此類推，中庸被強調，就是因爲已失去了中庸，所以此想法才成爲一種理想。中庸是一種理想，與實際社會大為相左，所以才如此加以強調。

中國所謂的中庸，若不拚命追求，即不存在。所以在出現中庸之際，中庸即已不存在。若現實上已有的話，根本無需再強調此思想，筆者在講此種理論時，有某位留學中國歸來的日本人，竟感動得五體投體。

他表示，中國所推動的「效法雷鋒」運動，其實便是因為雷鋒這種人不存在之故。雷鋒是中國的模範人物，是一位願意自我犧牲，天天實踐大公無私精神，最後以身殉職的男子。他是一位被社會主義道德化的人物。當時聽說中國在推行「效法雷鋒」的運動時，還以為中國是一個處處皆講道德的國家，去了之後才知道那裡全是利己主義者，像雷鋒這種人根本不存在。

日本人屢屢說儒教是講中庸，中國人的精神即在於此，總認為中國人是有中庸之道的。但誠如剛才所述般，追求中庸的思想，並不是因為中國是中庸的社會。在此，日本人追求中庸與中國人追求中庸不同，日本人雖學習儒教、重視中庸之道，但尚未進入已無中庸的極端社會。

中國已經走向極端，其解決之道唯有追求中庸。簡單的說，日本人是在未發病之前，致力於預防之道，但中國卻已經生病才開始接受治療。

日本人引入儒教時，國家仍在不斷新生，也就是還未感染中國那種病時，即將儒教源源本本引了進來。但是儒教產生時，中國的社會已病了，可以說已經來晚了一步。

中國人可以由極左變成極右，即使中庸也是如此，會因狀況之不同而極易發生變化，關於這一點應切記。

死不認錯和責任轉嫁

任誰都想把自己擺在受害者的立場，但日本人聽了中國人在文化大革命之後，目睹了舉國皆指責文革全爲「四人幫」之責任，又稱自己是受害者時，無不覺得奇怪。因爲若大家皆是受害者，爲什麼文革會發生呢？若說都是「四人幫」的罪，那豈是負責任的態度？

第二次世界大戰日本戰敗，也有許多日本人說，所有的戰爭責任都在於天皇與軍部，自稱自己也是受害者。但是相反的，也有人反省毫無批判地服從於天皇和軍部，以致發動侵略與戰爭，所以也應承擔起戰爭責任。但像文革過後，完全不反省自己的責任的中國人，尚還不易見。

並不僅限於像革命責任的大問題，連一些小事的爭論，中國人也絕不負責任，而且也絕不道歉，這就是死不認錯。

即使是自己做的事，也不肯承認，甚至進一步說：「不，那不是我幹的」、「我沒做」的說辭，是比逃避責任更惡劣的做法。更有甚者，乾脆說自己是被害者。自己若是被害者，即可完全拋開責任，最終的目標是爲逃脫罪名，將自己脫身於事件之外。更高明者就說：「當時我不在中國。」所以做錯事而願負責任的人，絕無僅有。任何人若不反省，也就不會自我批判。若有反省或批判，可能被殺，也可能失勢，因而自取滅亡。

共產黨宣傳說，我們是採取自我批判，修正錯誤的方法，結果日本人立即信任此話。以爲中國人了不起的地方是，可以承認自己的錯誤，但稍稍與中國人來往之後，或有住在中國經驗的人，即會發現自己弄錯了。中國人是很難得說對不起的。

「自己絕對沒錯，是他人使然」，這是中國人的求生存之道。因爲承認罪過，即是自尋死路。當然絕不能認錯，只能說是對方的錯。總之爲了自己的生路，爲了自我防衛，所以才發生不負責任的惡劣現象，即使自己有什麼錯，也是「四人幫」所造成的，或某人造成的。

最好的辦法是將責任推給死者。因此，中國絕不會發生類似日本中級主管自願獨自擔起公司或機構的罪名而自殺的事件。因爲輕易地死，包含著各種可能性，代表自己願擔各種責任，這當然是不名譽的，對遺族也帶來麻煩。

重私德而欠缺公德心

如此無責任的態度及責任轉嫁，在中國社會無處不見，這有如近代的癌細胞——無責任的地方，是無法期待它能發展出近代產業的。

無公德心也是中國人明顯的性質。儒教教人忠君愛國，但是儒教之國竟是無公德心，令人百思莫解。其實，儒教的思想本就缺乏公德心，只一味強調私德。儒教儘管強調個人的道德，而對於現代極重要的公德心，一種意味著遵守社會禮儀及規則的公德心，孔子未曾提及。私德講究如何訓練自己成爲道德者或人格者，孔子只要求弟子做到這些。

儒教若教人以道德與人對處，對待他人採合乎人性的方式則儒教在現代社會或許與我等想法相同。可惜在《論語》、《孟子》出現的人物，只限於父子、夫婦、君主與臣下等關係，都是與自己有關的他人，而不是不認識的人，更不是與自己不相關的他人。

但於現代社會中，無論等候同一班巴士的市民，利用同一個公園的親子，或一起接受同一公司考試的求職者，都不可能相識的，而且多半無血緣關係。此時，互為不相識者，我們應以什麼態度相對應，孔子和孟子所說的倫理、道德中都未曾說明。

如此一來，即使對不相識的人冷漠以待，也未違背聖人的教誨，更不會造成良心的痛苦。日本人見到一個面對不相識的排隊中爭先要插隊進去的中國人，把好不容易搶到的位子又讓給熟識者的情景，會有一種說不上來的奇妙。但對中國人而言一點也稀奇。說的極端一點，中國人視不相識的人有如貓犬般，假如自己餓了，吃了它又何妨。

家庭的基本單位是以血緣關係來凝固

若稍稍對雙親無禮，即會被社會指其為不孝，但若割自己的股肉讓生病的雙親吃，則被譽為對雙親的孝行，在位者也會褒揚孝行。以《史記》為首的歷代史書記載許多忠臣列傳、孝子列傳。

這種差異令日本人極為吃驚，這只能解釋為對儒教文化本質的誤解。中國社會的基本單位為家族，以家族的血緣凝固彼此的關係。中國人基本上只相信家族(宗族)，在家族中及家族外，有完全不同的態度。所謂的儒教，是集中國式家族的倫理道德之大成。

因此，即使無血緣關係的日本人，只要在同一屋簷下共同生活，即視爲同一家族。日本的社會觀顯然與儒教社會觀大不相同。

日本社會的基本單位，是日本式的家族及村(部落)，與他人一起工作時，日本人的習性可以輕易發揮團隊精神，這應是村落社會所培育來的習性。與歐美人相比，日本人對自己人較親切，對不相識的人不太親切，但至少日本人還會與他人協力工作，而且還不至於見到不認識的人，即採取不親切的態度。

支配中國黑社會的幫會

前面曾談及宮廷文化(官方文化)，接下來談談幫會，幫會是以人與人的私下關係爲基礎的集團。約十年前，當時支持美國卡特政權，與卡特有私人關係的某集團，即被戲稱爲「黑手黨」，黑手黨正是美國的幫會——由老大與兄弟組成的犯罪組織。此種正牌的美國黑手黨組織，對中國人而言也是幫會的一種。橫行香港黑道的暴力團體，一般被爲「黑社會」，他們代表幫會的一翼。

與官僚文化相對的，幫會代表黑社會文化。幫會大約出現於明朝時代，在中國社會中算是比較新興的組織。幫會在清代非常活躍，可說是在歷代中最輝煌一時的組織。在這之前，與幫會相似的組織，應以宋代爲背景的《水滸傳》所描寫的社會。《水滸傳》草莽英雄的關係，粗具現代幫會型態，以梁山泊爲中心的舞台，表面上由政府所控制，暗地裡卻由幫會所支配。這顯示中國皇室家族經營的行政之極限，皇室無法支配黑社會，而黑社會的主宰者是幫會。

中國的革命組織當中，以幫會爲母體誕生的例子很多，通常與革命團體也有不同，近似於王朝附屬品的團體。從屬於這種幫會的弟兄，並非要奪取天下，而只要皇帝給一點甜頭即聽命於皇帝。此輩只要能分得權力即樂不可支，簡直是協助政府的輔助機構。

清代時，中國的幫會勢力大盛，形成強固的組織。誠如日本時代劇般，高官利用黑社會收取黑錢，政府因涉入黑社會而遭批評，但官僚宣稱背後有幫會在搞鬼。中央政府雖數度實行鎭壓，幫會仍能持續蔓生，其實是有其存在的理由。

幫會於清代以隱藏性組織壯大起來，是因爲清朝的民族統治的表裡關係。清朝以僅六十萬人的少數民族(滿族)，統治著有其數百倍人口的漢民族，近三百年間軟硬兼施，採取各種統治策略。或許就是漢民族對清朝苛酷統治的反抗，導致幫會的大幅成長。中國最初的幫會稱爲「天地會」，於清朝統一中國之後在華南產生，它是揭舉反清復明旗幟的民族性秘密組織。

不僅太平天國的首領洪秀全是幫會的一員，國民黨的創立者孫文，也曾借助幫會的力量進行革命，幫會於中國社會可謂無孔不入。

四人幫是上海集團

中國至今還有幫會，台灣當然也有，連蔣經國都是幫會的成員。台灣的軍人也有許多是幫會成員，蔣介石就是幫會的老大。蔣介石不能滿足於台灣總統的地位，自認是世界反共勢力的首領。所謂的反共，只要看看所謂的反共聯盟，就知道是幫會，蔣介石正是其老大。

蔣介石還是大陸的獨裁者時，曾利用青幫、洪幫等黑社會打擊共產黨，其後逃至台灣也未改故技。國民黨雇用黑社會，派遣其頭目至美國，暗殺反對國民黨和不聽話的人。

「江南事件」正是最佳例子，但受雇殺害江南的地下工作者陳啓禮，預測政府的特務機關將來定會將自己殺了以湮滅證據，因此針對秘密工作錄製了「我是受×××之命令，而做下這些案」等內容的錄音帶。

陳啓禮心想，假如回台灣後，有被政府殺害之危時，可以大膽的說：「殺了我，還有揭穿你們秘密的錄音帶留著，」錄音帶成為交換條件，或許因此不會被殺害吧。然而，美國畢竟厲害，對於這種殺手、特務組織向有專家將必須注意的人物記錄下來，以盜聽等手段取得證據。因此，國民黨於美國惹了麻煩之後，美國立刻取得犯罪的證據，陳某人其後在台灣接受審判，並進了牢獄。有趣的是，美國的CIA還向國民黨控告說，陳啓禮還在繼續指揮美國的台灣特務工作人員。

江南是《蔣經國傳》一書的作者，他原本也是國民黨特務機關的成員，但後來描寫蔣經國實像，背叛了國民黨。國民黨自然恨之入骨，最後將其暗殺。江南曾數度與共產黨方面接觸，企圖與之交易，或許江南是兩面間諜。

觀諸中國的革命史，其地域性運動的色彩非常濃厚。例如孫文於廣東，蔣介石在浙江，毛澤東崛起湖南，鄧小平發跡四川，各有地方集團的班底。

文化大革命時期的四人幫源起於上海，四人幫的「幫」，正是指幫會之意。

這種集團的形成，是一種地域主義，是一種同鄉又用同一種方言，畢業於同一所學校，因為同屬一個人際關係，所以能緊密結合，各自組成派閥，獨佔各個時期的領導權。這意味著中國並非等質的社會，漢民族並非已融合成一個民族。

由漢民族的發展歷史來看，有最早漢化的人，及其後才漢化的人，接著是周圍被漢化的諸少數民族。所謂的漢化只是使用漢字，並不是互相融合爲一。此種地方派閥的存在，正顯示居住此地的中國人對住在他地的中國人仍有強烈的異己之別。

「沒法子」的宿命論

在讀日本人所寫的中國論時，其對幫會（秘密結社）評價之高，實在令人吃驚。愈是進步的人，似乎對幫會的評價愈高。

太平天國及孫文的國民黨等革命組織，確實是由幫會派生來生的，就這一點而言，共產黨或許也算幫會之一種。但若因此視幫會爲正義的英雄，或對歷史的進步有貢獻，未免太過於抬舉它了。或以爲幫會是一種神秘的地下組織，是顯示中國社會深不可測的好材料，這也是不同形式的另一種讚美。

假如幫會能變革社會，擔任推進歷史的角色，則中國人可以不用煩惱歷史的停滯，更無庸陷入宿命論，只要組織幫會不就都解決了嗎？

地下組織的幫會，是趁露面的組織之不備而昌盛。中國傳統的官僚統治集團與幫會之間，正如金幣的兩面，兩者具有相互補充的關係，絕不可能出現一方面很好，另一方面很糟的兩極情形，也就是所謂的「半斤八兩」。

早已厭煩中國社會表象的日本人，對於幫會的態度難免陷於一廂情願的單相思。但只要幫會不可能改善社會，就不可能推動歷史前進。幫會的存在不可能解決中國社會的各種矛盾，也不可能塡補人與人之間深深的裂痕。自己無論如何努力也無法解決問題，也就是「沒法子」。

尤其是現在的中國留學生，對自己也是沒法子。所謂的「沒法子」是一種宿命論，是歷史包袱過重所引起的不知如何是好的心理狀態。中國沒有民主，自己一個人再如何努力也是一點用處也沒有。加上自己不在其位，因此沒有人承認我的發言權，即使當權者仍有正義感，也絕不可能說出危及本身的話，反而是圓滑地說些好聽話，敷衍了事。總而言之，一點辦法也沒有，只有搖頭嘆氣罷了。

連一般被認爲歸國後即可陞遷、有出息的中國留學生，對未來都如此黯然。中華思想有「華」和「夷」的對立，「夷」是指「化外之民」，也就是未受中華文化洗禮的野蠻民族。因此，中原人一旦去國，即是到達無文化之地，一概以「棄民」相待。鄧小平曾說，留學生只要有十%的人歸來即可，其餘的九十%被視爲棄民。中國的移民政策、留學政策竟被惡用做「棄民政策」！

日本最近因大量湧入中國留學生而引起話題，光是上海即有三萬五千名等待簽證的中國學生。對中國而言，爲解決國內的就職困難問題，唯有讓大量的年輕人出國，愈多人出去愈好，最好都不回來最好。

留學生是知識分子，應該是國家建設急需的人才，將留學生丟棄於海外，確實是可惜之事，但若想到這是中華思想勢力向海外拓展，倒也還算「尙可」。

以老人爲主的「終現役」

年輕人苦於無出路之際，中國的老人幫卻始終意氣軒昂，掌握權力，霸佔社會的核心位置。

當然，中國老年人是家族的中心，假如有一個五代同堂的家族沒飯吃了，古有「易子而食」，最年輕的家族成員不是要被換來吃，就是被丟棄。若如此仍然活不下去，接下來即輪到次年輕者。一個接一個，具有工作能力的人逐一被換來吃，但年老的因爲仍在當權，所以自始至終最受尊重，結果是他們幾乎到死都在掌權。本來敬老的意思，是指辦好老人福利，未料中國老人將此惡用，造成「老害社會」。

如此，老人拚命活下去，即使到了八十歲還緊抱著政權，對他人而言或許是迷戀權力，但對自己而言一點只是恰如其分，那是極自然之事。因此，年輕人向來得不到上台表演的機會。

老人的「乖乖牌」驅逐良幣

中國的年輕人有兩種：一種是尊敬老人，阿諛老人，期待有朝一日被提拔。另有一種想超越老人，將他們逼退由自己主宰。

前者只要知道逢迎的要領，即使無能，也無人望，還是會有出頭的機會。後者即令有才能又有聲望，也很難得志。

若沒有找到讓老頭子權威失墜的理由，讓他們的自信心喪失，則要叫他們引退是很困難的。他們非但未失自信，又對年輕一輩防止奪權。想要往上爬的人，不可表現個人異於他人的才能，要當老人們的「乖乖牌」才是最重要的。若表現了個性及才能的人，多半要被鏟除拔掉。這簡直是「劣幣逐良幣」。

含銀量高的錢幣流通出來以後，政府偷工減料，換發含銀量減少的，其中混入許多鎳。於是大衆支付現金時只會使用鎳含量高的銀幣，銀含量多的錢幣會被人高置於自宅，市場中於是只流通鎳含量高的錢幣，銀含量高的錢幣幾乎在市面上看不見。這即是「劣幣逐良幣」的道理。無才無德的人得到好處，有能者卻被埋沒，因此大家只得將個性及才能隱藏不用。由於人們的個性及才能尚未萌芽即被扼殺，久而久之當然枯竭而死。

只有視掌權及權力分配爲最高榮譽的社會，才可能出現這種現象。

人爲財死，鳥爲食亡

最近才到中國觀光旅行的日本人說，中國各地寺廟香火鼎盛，在地上叩頭、頂禮膜拜的人極多，參拜者當中又以老人最多。由於漢民族精於計算，因此尤以財神的信仰最普遍。

過去四十年間，被毛澤東與共產黨奪走信仰，被丟棄於歷史垃圾箱的財神們，又在拜金主義盛行之下，再度恢復往年的光采。不管怎樣，財神既可指示財路，只要是對自己有利益，與利益有關的東西，無論是毛澤東，還是金錢，中國人都崇拜。

中國人視金錢極重，金錢就是自己的命根子。古人云：「人為財死，鳥為食亡。」此話意為，為求錢財，有人最後被殺。前章曾提及，中國人的幸福，第一為錢財，第二為多子，第三為長壽，把錢財視為幸福的第一要素，顯示其對金錢之重視。

日本有一種援助由中國歸國的日本孤兒的義工，義工好不容易才為他們找到工作，但他們卻輕易地變換職業，只要薪水多給一塊錢他們就願意換工作。如此，義工的信用也沒了，下次就無處拜託了。

日本人視工作重於金錢，只要有一份正當職業，金錢是因工作而來的，所以薪水低無妨，最重要的是工作是否勝任。但對於中國人，金錢是更重要的評價標準，薪水多給一圓，即是多給自己一分的評價。薪水高表示自己的地位高，不會被他人欺負，一有機會又可向他人炫耀。由日本人的眼光來看，這是異常短視的想法。

如此的對金錢感覺，讓中國與日本企業間的契約極易生變。當然，日本政府的大型契約，是基於對中國方面的政治考慮而加入的，但絕不至於因自己有損失就違反契約、全然不顧信用。然而中國做生意講求絕對不能賠錢，如果賠錢，乾脆不做，中國人重金錢遠超過於信用。

關於這一點，日本人的想法剛好是相反的，日本人堅守信用，因為一旦失去信用，即會喪失下一個工作機會，可能再也無人願與之做生意。這種事情，不是金錢能換取回來的。中國正好相反，此處失去信用另有他處可發展，別的地方還有信用可用。中國的國家大，加上社會未有橫向聯繫，於此處反契約，並不影響他處。所以在此處胡作非爲，在別處仍是堂堂好漢，因爲失去的東西可以重建，所以對於信用不用太在意，這即是其原因之所在。

不信和不安造成視錢如命

以下是日本電視上播過的內容。某日本演藝人員到香港參加電影演出，於拍攝時卻找不到劇本。其實並不是沒有劇本，而是故意不給演員的，拍攝時只給當日舞台所需台詞的部分。聽說過去是事前即將劇本交給演員，但曾多次發生演出者將劇本影印送給同業，在無可奈何之下，才改成只分送當天台詞。

這眞是令人不敢置信，但卻是事實。嚴重的是，將發給的劇本賣給對手的演員，並非特定的少數人而是許多人，電影公司認爲今後不知誰還會做出同樣的事。顯然，私賣劇本的演員或攝影師，並未受到社會的制裁，說不定其後仍像沒事般地在電影界混飯吃。

爲什麼如此短視近利呢？爲什麼那麼注重金錢？原因還是中國的不安定，還有內心中對他人的不信任感。假如對他人有一定程度的信賴，一定會與他人一起建立互信社會，社會也有某種程度的信用。但中國顯然不是。

中國人有句俗語說：「孔子不敢收過夜的帖子，」也就是經常有對明日不知將有何種改變的不安。因爲錢是最實在的，則非得設法儲存的，除了錢之外還是錢。中國人無論於計算或現金上，視錢如命已是根深柢固。

用三從四德統制女性，現在仍是男尊女卑

在儒教文化的最後，我們要談一談中國社會中女性地位的低落。中國人看到日本先生將薪水袋全額交給太太，都會認爲日本的女人地位高。相反的，日本人看到中國妻子用極歇斯底里的態度，對先生破口大罵，無不吃驚，以爲中國女人比男人強。

兩者皆是以本身文化來看問題，未認清對方的眞實情形所造成的錯誤印象。大體而言，無論中國人或日本人多認爲，日本社會比中國社會更具強烈的男尊女卑傾向。此種誤解，其實是對於中國儒教文化的過小評價。

儒教教導婦女必須三從四德，三從是在家從父，出嫁從夫，夫死從子。三從的教誨也成功地傳至日本。四德是指婦德、婦言、婦容、婦功四項，其中婦言是指婦人使用的言辭，婦容是指隨時的裝飾、態度和容貌，婦功是指婦人的工作，女性除這四德被決定的事外不能有分外之想。強求女性必須守貞操，灌輸貞操比生命可貴的觀念，不幸失去貞操的女性被逼自殺。儒教用此種道德觀嚴格統制女性，無論在家庭或在社會，女性的角色是極爲從屬性的。

儒教的教導讓老人支配一切，老人政治正當化，老人在家庭或在社會皆爲中心，老人只注重過去，喪失談未來的慾望，只關心如何把自己的血統繼承下去，其餘皆無所謂。老人缺乏想像力，做任何事皆墨守成規，不會引進外來的新內容，家中的婦女皆是外人，最好是結婚後生個男子，否則女人在婆家永遠是個外人。

男尊女卑令民主主義無由產生，無論被上面的人如何欺壓，男人就像魯迅小說中的阿Q般，認爲女人比自己更慘，更值得輕蔑，並從中獲得自我安慰。民主主義是由男女同權平等的出發點開始的，否則家庭中是不可能平等的。

歷史上出現的女性皆爲壞女人

被儒教文化所支配的中國，歷史的舞台是不適合女性的，因此在歷史上很少出現女性。她們幾乎皆未能出場，而且出現於歷史的女性，皆被指爲天下僅有的大壞人。一個是妲己。根據傳說，她爲鳥精轉生，因爲是鳥所以脚非常醜，於是命令天下女性纏足，說她是令女性纏足的壞女人。而且她還是殷朝暴君紂王的妃子，據說她是毀掉殷的「禍水」。第二個壞人是武則天，她是中國歷史上唯一的女帝，她被說成是殺害不聽話的忠臣的女暴君。第三位是西太后，她殺害臣下的殘暴也不輸武則天。此外，漢朝劉邦之妻呂后，玄宗皇帝之妃楊貴妃，以及毛澤東之妻江青等女性，皆是扮演惡人，是使國家滅亡的女性。

談到中國女性進入社會，即刻會以爲是在新中國成立後女性解放才成爲話題。但在經濟改革、重視企業效率之下，首先被解雇的仍是婦女。也就是說無人相信女性具有與男性一樣的勞動力。那麼爲什麼這四十年間，男女能平等的一起工作呢？主要是中國人「吃公使公」，根本不管作業效率、經濟效率如何。反正安揷自己的妻子、女兒在政府、工廠工作，可以領到薪水，會不會工作並沒有影響，因而造成「男女平等」的假象。

第5章

無法融合於社會主義的中華思想

瞬間在新中國變了風向的中華思想

日本的知識分子，於中國社會主義政權誕生的一九四九年以後，相信中國社會已獲根本上的變革，支配舊社會且令人厭惡的封建道德一掃而空，適合社會主義的新道德於焉產生，人民也獲得重生。所以他們相信，三千年來的中華思想當然也被蛻變的中國人所否定。

然而以中國爲世界中心的中華思想，仍然頑固地保存著。不，或許應說是，於新中國成立十年不到之際，中華思想再度復活。

五〇年代末期發生中蘇論爭以後，中國自認應爲國際共產主義運動的領導者，毛澤東是最偉大的共產主義者等說法，顯然主張中國是世界中心的老毛病又發作了。

中國借助社會主義、馬克斯義的亡魂，加以僞裝，將傳統中華思想的根部深植於社會。關於這一點，日本的知識分子、新聞記者似乎並未察覺，這是因爲他們對革命中國抱著太大的期待和幻想。當時進步的知識分子，則盡可能避免批評社會主義國家。

在過去的侵略戰爭中，日本人對中國人懷有贖罪感，因此做出冷靜的判斷，妨害對中國提出批判性的意見，也佔很大的要因。

阻礙革命新陳代謝的社會主義

在此，我們將由與日本知識分子的中國論完全不同的角度，說明中華思想與社會主義的關係。

中國共產黨於獲得政權之後，將原本的歷史循環過程、新陳代謝的系統加以破壞，他們於社會主義革命之後，阻礙了自然革命。社會主義革命的成功，卻帶來自然革命的災害。

既然將自然的過程用人為方式加以阻礙，必然會發病。歷史的新陳代謝停止後，即會引起政治、經濟、文化和自然環境等各種病因。其中最嚴重的問題是，人口問題處理被擱置；人口是中國的定時炸彈，它比原子彈的威力還可怕。中國一直在累積人口炸彈的能量，一旦超過一定的限度時，即會因食糧欠缺引發饑餓，後來還會演成人吃人、吃同類的悲慘景象，屆時即會發生殘忍的「中國殘酷物語」。

這樣的中國病，毛澤東、鄧小平到底下了什麼樣的處方？前面曾述及一九四九年誕生的共產政權，將新陳代謝的循環系統破壞掉，因為共產黨政權所採取的政策，使原本在改朝換代時即可解決的人口問題擱置，其根本問題仍無法解決。

王朝算是一種家族企業，只將財產、職位留給自己的孩子，為的是堅守家族經營。因此，壓制反亂等的力量不夠大，天下屢屢被推翻橫奪。

打敗反亂的一方，對舊王族通常是殘虐的將全族殺盡，絕不遺留將來禍根。殺雞儆猴向來是中國的作風。徹底趕盡殺絕，滿門斬首示衆，告誡大家絕不可有背叛之心，若有叛逆即會有同樣下場。但若眞的饑饉來時，那種告誡是無效的，一旦叛亂發生，連同地方的附近就會一起受波及。

過去的帝王由於無法抑制波及而來的連鎖反應，最後內部出現破綻，擴大為全國性戰亂，直到國內再度統一為止，數十年間持續性殺戮，弱小者因而餓死或被殺害。結果，人口約有六十%減少，生產上的人口重壓解除，國力再度向上爬升，不久又陷於同樣的循環中。

因饑饉、叛亂的連鎖反應引起歷史發展的停滯

毛澤東取得政權之後，此種循環模式崩潰，因爲共產黨畢竟是具有現代組織的政黨。黨有黨的理念，爲了革命擁有軍隊，同時也有來自世界的支援。所以並不像過去的王朝一般脆弱，反而實現強有力的統治。現在共產黨雖也在衰退中，但人民對共產黨的忠誠心曾相當高過，所以上面的人不用懷疑下面的人。

不像從前的皇帝會懷疑部下及民衆，在共產黨統治下不會有下面的人不認眞幹，或只有少數人在幹活的情形。共產黨的命令一旦下達，就必須照命令的內容動作。

所以當某地區發生天災，饑饉擴大了，但仍可令其不波及全國。將饑饉發生地區與其他地區隔離，讓災區內的人任其飢餓，讓他們互相爭奪僅剩的食糧。不管即將餓死的人相互刧盜、互相殺害，甚至吃人，只要將之隔離即不會有事。

此事證明共產黨可以阻止饑饉、反亂的連鎖反應，將原本有的波及效果、連鎖反應抑止，就好像人的大小便一下子被強迫忍住般。透過波及的改朝換代、自然革命，畢竟才是中國歷史的法則。

王朝的統治僅及縣城，對鄉下則放任

古代稱讚聖人政治有謂「鼓腹擊壤」之說，傳說皇帝堯，於某日在街上行走時，有老人鼓腹，雙脚擊壤，吟唱著太平盛世之歌。其歌爲：「日出而作，日入而息，掘井爲飲，耕作爲食，帝力與我何有哉？」

此種傳說，令謹謹愼愼小心工作的日本人非常心動，還有人因爲此傳說而開始喜歡中國。此傳說意味著，對於一般人民而言，皇帝、國家猶如雲端般的存在，中國民衆一直未與此遙不可及的政治直接發生關係。因此日本人誤會中國人是自由自在的生活著。

在歷代的王朝統治之下，國家的影響力只及於縣城(縣政府所在)，縣城有中央政府派來的官員、知縣治理著縣事，軍隊駐屯也以到縣城爲止。

平日，統治縣城外緣的是地方上有影響力的家族，有此勢力的家族稱爲鄕紳、仕紳、土豪、劣紳。前二種是由同一家族出了官僚，與官方有關係的地主，以國家的力量爲背景，支配著農村。後二種則是以雇用手下、保鑣，想盡辦法搾取農民，最典型的即是土皇帝。

若說前二者所做的統治是透過聲望或名望的軟性統治，後二者即是硬性的統治，他們以拳頭爲所欲爲，取代有古典敎養但無實務經驗的縣城裡的官員。事實上統治農村的，無論是軟性的還是硬性的，都是這種地主。無論國政的水準如何，鄕下有鄕下的一套，鄉下盛行的土法才能在鄉下行得通。

中央權力遍及全國，社會主義不允許鄉間式統治

如上述般，地方和鄉間的統治互不相干，所以一旦地方發生問題，地方的解決能力有限，同時派遣於地方的官僚也疏於實狀，毫無行為能力，非得一點一滴由中央下指示不可。

地主遇小事件可用自己手下的武力對應，若發生更大的事件則只好投降，一心一意期待中央的介入，只專注於自己的獲救。

平日為繳交地租，已瀕臨飢餓邊緣的農民，對於死不為懼，所以一旦饑饉及反亂發生，即無法壓制，混亂迅速地向其他地區擴散。

未料共產黨取得政權之後，中央的地方統治與地方的鄉間統治的空隙一一強化。原本，中國的地方鞭長莫及，極為偏僻，天險的山岳地帶、軍隊動彈不得的沼澤地帶等都有，這種地方後來都成為山賊、強盜的藏身之地。共產黨的遊擊隊也以這種地方為根據地，共產黨平時即吸取十分活用的經驗，取得政權之後，又適時地強化地方治安上的空

隙。

國民黨實施類似江戶時代的農村五人組的保甲制度，企圖將農村遊手好閒之人突顯出來，但由於國民黨設計的網過於疏陋，執行的方法又過於粗糙，因此任誰皆可逃出此種設計網。

共產黨設計的網，於重要之處或許有脫漏或破洞，但整體的網目較小，可以完全掌握一些雜魚或稚魚。情況變成這樣，主要是由於共產黨將原本中央與地方的空隙弭平，透過共產黨、公安部、國家安全部、解放軍等各項統治系統（縱綫），將全國各偏遠地方納入監視網。

與中央政府相違的鄉間統治方法，絕對不見容於中央政府。誠如最近的報導般，文革後，新中國成立以來，四十年來於地方築巢的鄉下實力者，開始伸展羽翼，慢慢地確立了對鄉間的掌握，但若因此涉及治安問題，中央絕不可能有所放鬆。

老人社會是開不了革命之花的永久政權

因此，一旦選擇了共產黨，即有永久受共產黨統治之虞。無論如何，當政者不希望發生令全國大亂的連鎖反應及波及效果，那是現在不希望，也是半永久不希望。必須視今後的情形而定。

共產黨只要還存在，即可剷平叛亂之芽，從此中國起不了革命，革命之核尚未破殼之前先擊潰。革命是一種花，共產黨在革命之花未開之前先摘除，花未開之前即已死去，如此對共產黨雖是好的，但全中國卻因此無法年輕化。

現在的中國是老人社會，老化的社會持續性衰竭，甚至連重返生機的機會都消失了。任誰都感覺得出來，最近的中國完全無生機，了無新意，出現不了新的英雄。風雲人物不易出現的社會，即是產生不了新政治體制。所以共產黨是破壞中國新陳代謝的第一罪人。

現在中國的年輕人都被壓抑著，或者應說他們非被壓抑不可，因爲他們一點辦法都沒有。如前面所述般，如果是從前的王朝，可以像日本的中小企業般，說倒閉就倒閉。如此一來，反而有另闢途徑的機會。

然而，目前的共產黨是絕不倒閉的獨佔型大企業，具有相當的組織力。如此獨佔性領有政權，即產生不出什麼新事物。若有新技術社會形成之可能性時，於事前即會被擊碎，她是一個既無競爭又無技術革新的超穩定性體制，革命已根本不可能，社會到處是贅肉，四處呈現滿目瘡痍，要讓年輕人抱持希望根本不可能。

毛澤東式人造革命取代自然革命

取得政權之後，毛澤東擔心的恐怕也是此事，社會主義革命一旦成功，新陳代謝無法正常進行，中國今後不是要一直患病嗎？就這一點而言，毛澤東或許是眞正的共產主義者。所謂的共產主義是設定永遠的世界，即是「萬世一系」，此種想法令政權交替成爲不可能，新陳代謝也停止，長期坐擁政權必然會腐敗。

毛澤東想到一種防止腐敗的辦法，那即是不斷地內部整頓，進行積極地肅淸。內部肅淸是取代自然革命的人造革命，亦即整肅及文化大革命。透過一次一次的毛澤東式人造革命，將只剩自己及僅餘的數名領導者，其他皆被剔除得乾乾淨淨。不知是幸還是不幸，這種人造革命於毛死後中斷，終於以失敗收場。鄧小平因本身即爲毛澤東療法的犧牲者，復出後摒棄毛澤東式人造革命，改採人口抑制政策。

但是此政策實行的未徹底，令新陳代謝未能正常進行，中國的新陳代謝仍未恢復，只得抱著病體苟延殘喘。

最近，筆者友人黃文雄所寫的大作《中國的沒落》，銳利指出中國社會中各種矛盾，認爲中國照如此下去，必然會走上沒落之途，儘管中國盛大地提唱四個現代化，但黃君開宗明義即表明此事不可能成功。

社會主義中國的偶然性和天生的早產兒

中國共產黨取得政權是一種偶然，並非必然。他們取得政權時，中國社會尚未達到實現他們理想的成熟程度。他們很幸運地取得政權，但爲實現理想的準備仍然不足。共產主義是否爲自己的理想是其次，它確實是以理想性社會爲目標。但是，所謂理想社會，正如字義般是一種離開現實社會的社會，需要社會不斷地進步，到達很高的水準才能出現此種社會。

共產黨趕走國民黨，掌握政權時，仍未到達太高的水準狀態，幾乎完全未做好準備。因此，對民衆而言，共產黨於取得政權後，一下子即開始實施共產主義。既未有共產主義應有的生產能力，又未有到達必要的經營規模。一味幻想只要是共產主義即可解決所有的難題，胡亂吹奏起進擊的喇叭。人口仍然急速增加，每人的耕作面積減少，對自然的破壞不斷進行，所有的難題懸宕不決。

一九四九年的中國革命，不像過去的政權交替般，不屬於自然的分娩。它是依據近代思想，依據理想的人造性革命，其致命之處在於未做好準備工作。偶然地大獲成功，實際的革命過程於中途即結束，有如分娩尚未開始，嬰兒已經生出來，結果生出一個早產兒。

現在的中國和以前的蘇聯皆如此，共產主義是獨裁的共產主義，而非議會的共產主義。既然如此，共產主義不可能有政權交替，它是一個永久政權，無論民衆喜不喜歡共產黨，皆別無選擇地在共產主義下忍受過活。

共產黨是非常強大而穩固的組織，誰也無法將其打倒。很諷刺的是，人民於這個自稱爲革命黨的共產黨統治之下，革命權利的可能性卻在歷史上首次被剝奪。堅稱自己無病的患者令醫師最頭痛，他們往往因不承認病症，反令病情更惡化。

因緊縮而停止的開放政策

共產主義一直說是一種國際主義，但推動的幾乎全是國內對策，假如是國外的問題，則不是爲了與國外革命家發生連帶關係，而是以能否保護自國安全的觀點出發。

毛澤東原本相信共產黨的國際性體質，不認爲蘇聯會威脅中國，因此集中於思考國內共產主義建設。共產黨爲維持其統治，認爲應在政治、思想、文化面上，儘可能加以控制。五〇年代的經濟政策失敗後，經濟上也轉爲保守。

共產黨認爲，過度現代化或機械化，將讓人民有時間思考，屆時會對黨及政府提出各種要求，還會指責不當的政策。於政治及經濟面上，中國曾有多次要開放的意思，想一想後仍然以緊縮收場。

最後，人民仍然如從前崇拜皇帝般，對主席所言五體投地，仍然如從前般無知。

進入六〇年代，中國開始感受到蘇聯的威脅，已不能再維持過去的路線，堂堂中華思想的繼承者成爲蘇聯附庸國眞糗，非得充實國力不可。現在主張現代化的一派，有人稱其爲改革派，也有人稱其爲經濟開放派，關於這一點他們的觀點是一致的。

但人口壓力的問題仍存在，人口非但未能減少，而且還比想像中更增加。今後即使有減少的可能性，也不會那麼快減少，生產性趕上來的可能性低，看來中國的病情仍會拖下去。頭痛的是共產黨過度推動現代化，已有影響政治體系的危機。改革派若能將共產黨統治的局面扭轉過來，他們勢必毫無猶豫地停止現代化，他們絕不希望放任人民。

時緩時緊反覆地控制

中國的當權者認爲，假如人到了青年時代，讓他生活在放任的社會中，恐怕往後即不可能再對其束縛，所以當權者周期性地採時鬆時緊的方式。若不常常讓年輕人經驗共產主義，有刻骨銘心的體驗，必然會出現惰性、欲求不能滿足而生不良行爲，或性慾放縱等，而使當權者極擔心自己無法控制狀況。

中國曾數次說絕不改變開放政策，但仍交替著使用時緊時鬆的方式。於數年間，時採緩和政策，由國外大量採購，忽而政策又緊縮，又變成不可向國外採購，已締結的契約全又不算數。

所以日本對中國投資，如考慮中國方面的曖昧態度，絕不可能像日本的計劃經濟，預期每年幾個百分點成長率等。

共產主義的計劃經濟，預測成長比率簡直是神話，因此像中國這種對象，連日本商社、廠商等大公司都無法應付。倒是稱爲「日中友好商社」的日本中小商社及台灣、韓國、香港等行動敏捷的小公司，意外地仍能殘存。

無論是大公司還是中小企業，最令人擔憂的是與中國之間的不安定關係，以及中國人的不守信用。在中國投資的大企業都有慘痛的教訓，尤其是駐在中國的商社職員非常厭惡中國，其原因即在於此。

毛澤東的處方是人造革命

關於人口處理，中國的政策來來回回反覆不一。中國患有人口過剩的不治之症，於大躍進失敗之後，毛澤東自己才發覺出來。如此下去，中國一點辦法都沒有。爲養活過剩人口必須有生產力，還要有經濟的資產。毛雖想要現代化，但中國除了有很多人口之外什麼也沒有，於是毛澤東決定掀起大革命，也就是所謂的人造革命。

土地改革及資產沒收，應在沒收地主土地之後即結束，但毛澤東宣布階級鬥爭尚未結束，胡亂製造大量的人民之敵，他爲中國下的處方正是「人造革命」。簡直是削屁股也要讓她大便，又注射又吃瀉劑地讓一次解出來。

人造革命最典型的即是「文化大革命」，用反對分子或資本主義當權派（走資派）的罪名，把許多人加以迫害，有些人還因此被逼死，有些人於拷問之後被殺害。紅衛兵彼此爭鬥不已，透過武鬥有許多年輕人白白死了。受害者有二億人，是當時中國人口的四分之一，據說被殺的人有一千萬人，也有人說二千萬人，正確數字無法確認，但大革命確實是沒完沒了的反覆進行。

文革還有一個重要的事實是，那即是以「建設邊疆」等名義，將許多漢民族的青年下放至少數民族居住地區，一下子提高少數民族地區的漢民族人口比重，因此冠以少數民族之名的各自治區的領導者，當然皆爲漢人。

文革的混亂帶來漢民族的擴散，被批評爲徹底陷中國於破滅的文革，對漢民族的開疆拓土卻有重大貢獻。

鄧小平的處方是一子政策

中國的人口原本即很多，增加指數雖稍有下降，但實際增加的人口有一千萬單位，是令人毛骨悚然的數字。中國人口的正確數字非常難以確認，趙紫陽訪問日本時，被日本新聞記者問到中國人口時，表示只有「天知道」，可見誰也無法知道正確數字。

戶籍工作也是胡亂瞎搞，無法掌握正確數字，少數民族又多住在山區及偏僻之區，非探尋山野無法統計。農村自從實施一子政策以來，因鄉下人重男輕女，一旦生出女兒即殺害，或不申報出生，因此未入戶籍的所謂「黑人口」極多。八〇年以後，中國好容易才有如同日本的國勢調查，但可信賴的統計仍不存在。

一子政策若照這樣下去，對將來會有什麼影響？此點目前仍有爭議。有人說，十年、二十年之後，有可能出現中國的「性侵略」問題。亦即現在中國只希望生男，如生出女嬰就處死，最後中國會成為男多女少的社會，當然會有新娘不足的問題。其實，現在中國已有此種傾向，中國農村經常發生買賣女性，誘拐女性的事實。

對將來的不祥預測——性侵略

最近，日本男性因討不到老婆，到東南亞用錢買個老婆，已引起菲律賓等東南亞各國對日本人買賣女性的批評。

但是這種怪現象，並不是因為日本的適婚女性太少而起的，而是因為女性不願下鄉所致。而中國於極近的將來，則會出現女性異常缺少的事態，這是前所未有的。屆時適婚男性將如何？

某位中國研究者預測，目前在中國國內局部發生的對年輕女性買賣與掠奪，可能將轉爲對國外女性的搶奪行爲。

此種性侵略與日本人的「觀光買春」不同，以食糧問題做比方，「觀光買春」是基本分配尚稱滿足，而追求外加一點享樂。性侵略的情況則相反，基本食糧發生不足，未能滿足內部需求，因此前往外國盜取。此種預測或許不夠嚴肅，但實際男女比率若有很大差距，男性若一生不能結婚，就極可能發生此種事。

到底男女比率的差距有多大，中國並未發表。研究者推估，可能遠超過六比四的差距（編按：男女正常比率約爲一〇四比一〇〇），所以有些小孩自小即被訂下終身大事。

舊中國稱此習俗爲童養媳，即找來女嬰當自己兒子未來媳婦，自小即領養在家當小媳婦。被領養的女子，與被賣身無異，被使喚來使喚去是正常的。童養媳與纏足一樣，是舊社會女性悲慘境遇的例證，此種現象直至共產黨政權成立之後，才被禁止。

但童養媳最近又復活了，家裡有男子的父母，因預知將來媳婦難尋，買了女孩子養在家裡，但那是有「先見之明」的父親，沒有先見之明的父親還是多數，女性的人數如此的壓倒性的少，非常可能出現性侵略。

由於事關民族的興亡，爲了減少人口，出國的男子即爲「棄民」，不能攜妻子回國，因爲害怕人口反而會增加。中國人爲了工作機會不足，食糧不足，女人不足，及爲了減少人口，又不出外發展不行。

令人擔憂的小皇帝下場

鄧小平現在推行的一子政策，由中國歷代人口處理政策來看，或由毛澤東粗糙的做法來看，是消極而且無法立即期待成果的。但中國人自己應是贊成鄧小平的辦法，因爲犧牲的不是自己，而是接下來的後代。鄧小平的處方所以還在推行，因爲他仍掌權，此治療法需要推行相當長的時間。

但鄧小平絕不可能一直手握權力中樞，總有一天會退休或失勢，他的時日已不多。所以現在鄧小平的治療法是有其侷限性的，此法仍然無法解決人口問題。雖說景氣還不錯，但生產性成長仍無法超過人口增加速度，此爲中國的沈痾舊疾，只有一點點的生產性提高根本無補於事。假如人口達到十億以上時，爲養活這些人，生產力已全消耗掉了。

一子政策當然有破綻，有人也批評一子政策的弊害，原本以「百子千孫」爲理想的

小皇帝

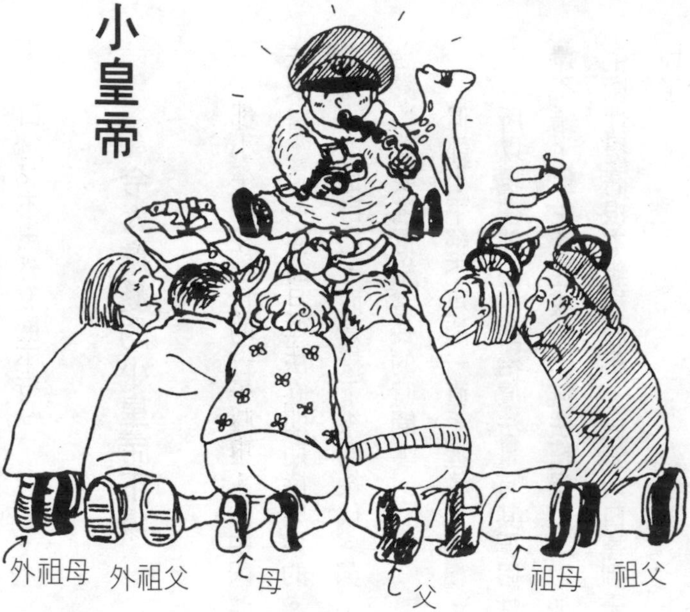

中國，任誰也想像不到一子政策，因此養育方式發生很大變化。

一個小孩一對父母，還有內外祖父母四人，這非更爲溺愛不可。在公園裡不是小孩子一起玩，而是老夫婦或年輕夫婦帶著或陪著一個小孩玩，其關愛的情形溢於言表。這樣的小孩子早晚會養成任性的個性，這種小孩被稱爲「小皇帝」。原本中國的小孩對父母較順從，但如此教養出來的小孩是否會被寵壞了？長大會變什麼樣的小孩？實在令人憂心忡忡。

現代化這條荊棘之路

鄧小平所推行的「四個現代化」（農業、

工業、國防、科學技術），並不如他所宣傳般的容易。

現代化不僅是生產的問題，也要有現代化的思想配合，但在這個中國是不可能的。中國只要是抱著共產黨不放，中國的思想即不可能改變，說不定鄧小平也明白中華思想不改變，即無法現代化的道理。即使鄧小平明白也無法改變事實，因已延續數千年的思想，是不可能那麼容易改變的。既然改變不了，自己就乾脆承認好了。可是承認了就會被趕下台，中國當權者即使有絕大權力握在手中，但因黨內各路人馬皆有，競爭者仍相當多。

他們一面打迷糊仗，一面高居權力中樞，並於其中上下其手，表面上敷衍了事。某親中派日本人士說，鄧小平愈來愈像毛澤東，無論誰一旦登上最高領導者的席位上，無論本人的意志如何，周遭的人忙著逢迎拍馬屁，任誰都會有「當皇帝」的臭架子出來。

有好皇帝才能有好政治既然是中國人想法，則無論誰當上最高指導者，就會有皇帝的架子。在改變中華思想之同時，非改掉獨裁的政治體制不可。若不如此，獨裁者即時又可直接成爲皇帝，朝向以皇帝爲中心的中華帝國建設，民衆可以歡歡喜喜的被動員，中華思想再度甦醒過來。

事實上，對於階級定位嚴苛的中國人而言，最高指導者現在仍是皇帝。面對社會主義和共產主義，中國人只是像咒文般的背誦著，完全不知道其中的實際理念及意識形態。他們看重的是誰在他們頭上，誰是他的上級指導員，與馬克思及列寧的思想一點關係都沒有。

優秀人才無法出頭

以現代化爲目標的中國，如此抱持著各種過去的破爛遺產，以致一點也動彈不得。認眞在想問題的部分中國留學生，也深知事態嚴重，就是因爲知道才一點辦法都沒有。然而，爲賺錢而拚命的中國人都很幸福，他們的眼光爲利益所吸引，在完全無知下返國。

由中國人所寫的書來看，全是一些老頭子在上位，佔著位子不肯放，無論念了如何的大學問回來，等到自己所學能派上用場時，人也老了。中國人只相信自己人，原本是公家的官職，都交給自己的孩子幹，結果除高幹子弟及有關係的人之外，幾乎都要靠邊站。凡是毫無關係的第三者，一開始即無機會。

更有甚者，共產黨具有閉鎖性的性格，他們仍堅持著四十年前的階級區分，不讓舊地主、舊資本家的子女加入共產黨，也不讓他們擔任幹部。而且農村出身的幹部總不信任都市出身的知識分子，反而抱著敵視的心理，即使是優秀的人才，也難得被錄用，所以人才一直呈現不足。

五〇年代憧憬祖國建設，由歐美、日本回到中國的愛國華僑，長期被視爲具有海外關係的可疑人物，遭到迫害、坐針蓆。在歸國華僑中有許多是知識分子及技術者，因此中國的專門技術也無由產生。

自己所佔有的位子絕不讓予他人，若讓給他人則可能被別人獨佔，絕對不可能再還回來。所以絕不能因爲優秀就相信他並交給他職位。

一國兩制的險棋，有如一個男人兩個老婆

中國買空賣空之際，開始對台灣大彈「一國兩制」之調，要求與台灣的國民黨進行第三次國共合作，將台灣併入中國。爲了讓台灣安心，中共表示台灣可以一直保持資本主義制度。從來不相信別人的中國，居然說今後要與國民黨、台灣在一起，居然要與原本實行資本主義，今後仍將採行資本主義的人在一起。

鄧小平之輩非常不信任現代化路線，這不僅意味著不信任資本主義經濟路線，也包

含不信任多黨政治黨及議會制等民主政治體系。無論他如何擺出識大體的姿態，無論他如何賣弄開明，只要鄧小平自己以「萬世一系」的共產黨獨裁君臨天下，則多黨政治及議會制即無法建立。現在要在共產政權之下推行資本主義，是無法實踐資本主義的。因爲如果實行資本主義則非改革政治體系不可，此時即不能再以共產黨爲中心了。

所以表面聲稱一國兩制，其實是想在共產黨獨裁之下繼續模倣資本主義的好處。假如採取眞正的資本主義，將可能危及自己的權力基盤，只好用東施效顰來取代。

一國兩制有如一個男人兩個老婆，讓一個老婆過著非常奢華的生活，卻讓另一個老婆貧苦交加。奢華的太太身材嬌小食量小，貧苦的大大粗壯食量大，一不留意，粗貧者就騎到嬌小者身上，大吃暴吃、寸草不留。老公若還有控制力時還可以，老公一死，粗貧的老婆會使盡權力壓制小老婆。由此例子來看，一國兩制是多麼的不自然及危險。

在台灣有這樣的比喻：台灣有如一瓶香水，中國有如一倉庫腥味瀰漫的雜貨。想用香水去脫腥味，潑到倉裏，不但脫不了腥味，更使中國人永遠失去嗅到香水的機會。

喜歡「大」是因爲「大」適合縱向社會

一九九七香港將被中國接收，中國是否聽到「港人治港」的市民心聲，實在是大問題。那些只想躋身香港，高居銀行、企業要職，滿腦子魚肉人民念頭的共產黨幹部，當然聽不下香港人的心聲。

中國銀行正在興建一座三五六公尺高的大樓，像一把利劍揷進香港心臟。中國銀行只是中國的外滙銀行，有人好奇的問，爲什麼非蓋那麼大的銀行不可呢？若認爲是因爲中國是大國所以喜歡「大」，那是錯誤的。

其實這與中國的面子有關。每年訪問北京的日本人，覺得北京年年在變，有各種大建設及新計劃在進行。但中國經濟重心的上海，卻仍停留在一九三〇年代的街景。也就是說，上海賺的錢被北京花掉了。因爲是中央政府所在地，非讓來訪的外國人、鄉下佬對聖上之地咋舌不可。大型大樓、寬廣的道路不斷建設，將街容夲改觀了，但這全是與生產無關的投資。

中國人喜歡大東西，是因爲這最適合中國縱向型的組織。大的事業於中央一聲令下，立刻開始運作，官僚機關只要發動，全國的各機關隨時能配合。

無論地方反對也好，橫向溝通不足也好，皆不足以影響工程計劃的進行。完工後只是爲了讓人瞠目罷了，參與的人也因此行情高漲，大型工程計劃對官僚來說是最好的表現，簡直是千載難逢的升官發財機會。

過去有萬里長城、京杭大運河等大型工程，現在則有人主張興建三峽水庫。三峽水庫是跨越湖北、湖南、四川三省的大工程，此工程若順利進行，則所轄地區將由原來的省分獨立出來，有人建議讓新的三峽省成立。結果，此案因此遭擱置，這充分顯示中國縱型社會若不願配合，什麼事也別想做的事實。

無論事實如何，這樣大的工程畢竟會提高中國的威容，這些威容用來勉強支撐著慣居世界中心的中國舊夢也是事實。中華思想是中國人數千年來苦心經營，好不容易維持得來的，中國人認爲破壞這些事很可惜，所以他們具有維持中華思想的強烈使命感。

現在的「紅色中國」也迷信著這個中華思想。仍然對於「華」與「夷」的體制、文化系統的變革一點都不讓步，不管外國人怎麼說，國內少數民族如何抵抗，絕對不改變。

第6章

走到死胡同的中華思想

不喜歡固定框架的中華思想

關於中華思想，筆者想再略加詳細說明。中國常常說「子子孫孫」，意爲現在怎樣都可以，一切希望託付給下一代，孩子不行則期待孫子，這也就是爲甚麼毛澤東做不成國家論的理由。

中國人一旦自己立於劣勢時，則避免解決問題，等待一百年或二百年後再說。現在不願說淸楚，也不要留下任何把柄，讓問題一直擱置，就像下棋一般，先把棋子暫時擺著，直到時機成熟再慢慢想，如此最後的結局對自己較有利。

中國人一直都是先下手爲強，弱時也能以先下手閃避對手的攻擊，並趁機將自己壯大後東山再起。這向爲中國人的作風，總是選擇對自己最有利的時機解決問題，對自己不利時無論對方如何說，則儘可能拖延，絕對不與之締結條約。

中華思想無限制的膨脹，絕不願遭受箝制或受框框的侷限，只會主張說某地是我等祖先的土地，但又會說某地並非我國固有領土。今後中國不僅極度膨脹，社會制度也逐漸產生變化，因此沒有固定的框架能限制她。

國家論或國家觀有如限制中華思想的腳鐐，勉強加諸中國的結果，會令中華思想僵死。這是祖先延傳數千年，好不容易留傳下來的國寶、「三種神器」（比喻有如日本皇權三寶——鏡、劍、玉）會有消失之虞，因此萬萬不可。爲了有利的解決可等上五十年、一百年，甚至更久也等下去。

今後的中華思想將如何？中華思想的新旗手——中國共產黨又會如何呢？

以征服、併呑弱者起家的中華世界

中華思想存活了四千年的原因是，未有阻礙者的存在。在歷史上西方雖曾有大帝國出現，但只聽到秦代、漢代這種東洋的大國之名而已，東西方幾乎從未有任何瓜葛，所以中華帝國未曾有過阻礙者。

因此，中國的王朝得以順利發展，《左傳》曾自問何以中國爲之大？自答：「若不侵略弱者無法成其之大。」春秋時代晉國曾經稱霸，晉之後也有數國掌霸權。晉國爲什麼強大呢？答曰，侵略弱國而來的。

古代中國文明的中心是在河南省、山西省、陝西省，此三省稱之爲中原，中國原本只有這三個省，漸漸得以逐漸膨脹是因爲征服周圍的「夷」。在前近代階段，「夷」對「華」而言是相當後進的，所以「華」可以加以侵略蹂躪。

十九世紀以後，世界的大國皆進行組織化，自從大航海時代（大發現時代）得知地球是圓的之後，國際關係變得更複雜，首次出現了全球性規模的國際組織。

聯合國是中華思想的障礙

聯合國組織對中國的中華思想帶來打擊，此話怎麼說，因爲聯合國有許多小國參加，無論多小的國家都有一票的行使權。

一票正意味著大國與小國是平等的，假如大國侵略小國時，聯合國可以出面阻止，在某種意義上，是阻止中華思想的膨脹。雖說不是決定性的要素，阻止大國專橫是聯合國存在意義，中國也應意識到聯合國這個國際組織的存在，限制自己的舉止。

美國這種超級大國的存在，也妨礙中華思想的增長，尤其是美國及西歐扮演重要的「安定化」角色。所謂「安定化」是，不論任何國際性事件發生，可以吸收混亂，將局勢導向安定，不讓攪亂者的企圖得逞。

例如，PLO（巴勒斯坦解放組織）出現了，即使不承認PLO，也無法消滅其勢力。美國不承認時，有英國及法國承認，總之在國際性規則中漸漸接受事件當事者，也就是互相承認現狀，以互相妥協解決紛爭。

巴解組織與以色列、過去的東、西德等，在不斷反覆對立與抗爭時，引導他們彼此承認，讓他們安定化，即所謂交差承認的解決方案。對於韓國、朝鮮的問題，則由包含美蘇、中國、日本的六國提出互不侵犯的安定化條約。這代表美國及西歐諸國，一貫選擇現實的略策，在現狀的框架之下防止問題惡化，並圖謀問題的解決。

這是好是壞，暫且不談，現在正是這種時代。台灣於戰後，一度被列入分裂國家，將此種分裂固定化，即是美國的方法。

不服分裂而加以固定化，強行統一的例子也有，越南即是一個例子。但只有一個例子就要判斷善惡不免草率。

越南式的武力統一犧牲過大，越南的例子證明，他們付出很大的代價得到的只是民族意識高漲與貧窮罷了。

科學進步促進國際化，妨礙中華世界的膨脹

科學進步也是妨礙中華世界膨脹的因素之一。科學一旦進步，武器也急速發達，對人類的生存造成威脅。同時傳播的手段隨著科學進步有飛躍性進展，傳播的發達無論在政治、經濟方面，一個國家要維持隔離已是極不可能的。

觀察EC（歐洲共同市場）可以得知，其內部確有對立，組織內的國家與民族也並未消失。但其間的對立及抗爭，已無需特意用武力解決。國與國之間即使有國界，但彼此不互設邊境檢查哨，也未有邊境守備隊，也無庸出入境手續，視覺上的國界線形同消失。只要相信對方，國界已不需要，地圖上即使有國界線，邊界準備軍及檢查哨都不要了。就是因爲不安才需要畫出邊界線，若相信對方不是更便利嗎？

科學本身對國際化也有提升作用。相反的，假如不相信對方，國界變得極重要，國界到處都是檢查站，還有嚴格的情報管理，對統治者有不利的文件的出入境都要嚴格檢閱，對待出入國境的人有如對待犯罪者一樣。

在中國，打字機、印刷機、影印機、電話之類都只能當作公用，不准許作爲私用，購買打字機時一定要有公家的許可。在國外老早就在說資訊社會來臨，中國卻仍如昔的管制資訊。

這些不用說，是共產黨害怕動搖獨裁統治的基礎，認爲不得不監視人民的耳目，固執於維護自己的世界。最要不得的是中國不願放棄大一統的夢想，連現在的中國人一點都不想放棄中華思想。

下一代的中國人或許會改變，一點一點的修正路線，但目前的當權者，已經非常老化，是不可能改變的。他們唯有過去而無未來。沒有未來的人是不會要改變自己的，如此唯有培育一群有未來感的人，否則改革是非常困難的。

談的是社會主義，做的仍是傳統中華思想

中華思想是大一統思想，是以自我為中心的世界大同為中華思想的根源。新登場的共產主義、馬克思、列寧主義高舉世界共產主義化，這正好與中華思想一拍即合。名字雖不同，內容却是一致，中國共產黨以此為有力的武器充分活用，對於因共產黨的得勢看似沒落的中華思想而言，實在是如魚得水。

其次談到中華思想與共產主義之間的關聯，中國人原本是中華思想的主人，現在又變成共產主義者，對蘇聯當然帶有某種程度的敵意。

中國是共產主義的門生，比蘇聯慢一步入門。開始時稱蘇聯為大師兄，不久開始罵

蘇聯爲「修正主義者」。中國使用的「修正主義」是相當侮蔑的用語，這無異是在宣稱自己才是馬克思、列寧主義的正統繼承者，蘇聯是「修正主義」，因此是贗品，此種主張正是在誇示中華思想。

中國共產黨認爲自己才是世界革命的中心，隨時在表明自己是世界革命的主體，不僅是思想及意識，軍事面及武器製造也誇示自我中心。

蘇聯因爲是「修正主義」，所以世界一日赤化之後，身爲正統的繼承者才是盟主，換言之，中國主張自己才是領導者。

尼克森朝謁北京，中國仍是世界中心

毛澤東自認爲「人類的太陽」，自己是東方的太陽，毛澤東思想是馬克思、列寧主義的最高峰。中共以此爲武器，左手馬克思、列寧主義，右手中華思想，將此二武器交翻舞弄，毛澤東竟成爲「紅色天子」。「紅色天子」是筆者的謔稱，毛澤東是中華思想的體現者，也是馬克思、列寧的後繼者，所以是「紅色天子」。

中國共產黨自一九四九年取得政權以後，與各國締結邦交，締交時幾乎都不是自己到對象國去，而是招喚對方元首到北京，在北京辦理締結邦交的手續。這是要求對方臣從的自我中心主義——若是想訂定條約就得到中國去。一九五〇年毛澤東赴莫斯科締結中蘇友好同盟條約，這是非常稀罕的例子，當年連尼克森都親自訪中，日本的田中角榮也赴北京。

這些都顯示中華思想的根本態度，完全以自己爲中心，必要時需朝謁北京的想法。不僅在政治面，貿易方面也是一樣，無法去除過去朝貢貿易的習慣。想賣東西給中國或想向中國買東西，該下功夫的全是對象國，好像自己全不必費事似的，中國的主事者總是擺著架子。

中國是霸權主義的代表。中國自己高舉反霸權主義，反對美蘇霸權主義，其實中國本身正是霸權主義，是高舉反霸權主義的霸權主義。例如對越南的制裁及懲戒，向來鄙視其爲鄰國，而不予對等的待遇，因此中國一直與鄰國間維持緊張狀態，這即是披著共產主義外衣的中華思想，或可說是共產主義與中華思想的混血。

中國時時若無其事的將自己的方針及政策加諸他人，強求他人與自己同步調。這也是一種霸權主義。才高叫美國帝國主義是日中共同的敵人，忽而又說對蘇聯社會帝國主義的鬥爭最重要，又說美日安保條約對蘇聯霸權主義有一定抑制作用，令日本左翼左右爲難。

中國高喊打倒蘇聯社會帝國主義時，日本的親中國派被迫參加「北方領土還日運動」，而且還與右翼團體站在同一線上，因爲中國怎麼說都是對的，不可違逆的，只能聽命中國的說詞。

其中最淸楚的例子是，一九七二年中國與日本建立邦交時，中國也要求日本承認中國對台灣的主權。各國當然皆曾遭到中國的脅迫，但幾乎沒有任何國家完全接受該主張。此外，一九七八年，日本與中國締結和平友好條約時，成功的加入「反對霸權主義」的條文。經過這些，中國知道日本容易受中國脅迫，那是因爲日本政府和日本人至今對中國仍有愧疚感，還加上一種敬畏之念，因此易爲中國所利用。

中國時時開口強求的對象不僅是日本，只是現在日本與中國關係最緊密，所以對日本的強求最顯著。

中國的中華思想，與從前的王朝同時演變而來，共產黨掌政權之後，此點也絲毫未變，中華思想的根源仍然維持原狀。雖說革命發生，共產黨取得天下，並不代表放棄中華思想，而是繼承三種神器及中國的至寶。

完全變質爲中國式的中國四千年醬缸

不管多麼好的東西、多麼優良的制度，一旦進入中國便變質了。社會主義也於進入中國之後變質了。實際上，共產主義無論多麼有理想，國際共產主義多麼高舉理想，一旦進入中國時，即無法抗拒中國的現實，而發生變質，終於變成中國式的醬缸文化。

有許多歐美人、日本人認爲共產主義會讓國改變，那是極大的錯誤；只會讓共產黨取得政權，卻不會使他改變。

中國共產黨當中，也有人到國外學習共產主義，周恩來及鄧小平等即是此種人物，他們於一九二〇年代初到法國、比利時、德國，一面在當地打工，一面學習共產主義。他們在國外到處見聞、學習，返回中國之後仍然爲中國社會所包圍，仍然被孤立，自己所學的新思想無法應用，結果又回到以前的社會。

中共的主要人物當中，只有毛澤東未到國外留學，或許就是因爲毛澤東未曾到國外去，不了解國外反而比其他的領導者有利。

日本及美國皆有化學反應式的發展

中國沈重的過去，至今仍擺脫不去。日本因爲對過去的執念不深，容易產生文化融合或社會變化的化學反應。例如，戰後日本稍受美國的影響，即變成西洋化；相對的，說是容易發生變化的中國，只有極右變成極左的的變化而已，並未有全盤性的變化。

個人可能因狀況而略有簡單的變化，但中國的社會面是很難有變化的。日本不做個人行動，而是社會全體整體性的運動，往往容易發生流動性變化，因此外來的文化進入時，混合本土文化引起化學變化，因此釋放出很大的能源。

十六世紀是歐洲文藝復興的時期，當時歐洲流入各種文化，混合後生成一個新的文化，結果形成近代文化先驅的文藝復興文化。

中國歷史上也曾出現許多這種現象。例如，唐代之前，爲五胡十六國時代，也就是總稱爲五胡的北方與西方的異族侵入中國，並與漢族融合而引起的化學反應，終於開花結果，形成輝煌的唐文化。

第二次世界大戰結束之後，日本內部發生很大的東、西洋文化衝擊，日本文化當時是弱勢文化，但戰敗的一方謙虛接受，把它整理、吸收、消化、化解文化衝擊而有今日的社會繁榮。

不管好壞如何，這是社會文化的化學反應，而產生戰後豐沛的社會力。美國也是藉大量吸收移民，導入世界文化做爲建國理念。今日美國之所以強大，就是利用這種化學反應的能源使社會活性化。

日本在鎖國時代，未有化學反應發生，第二次世界大戰爆發，帶來很大的反應才生成現在輝煌的時代。現在的日本仍然在消化外國的新東西，日本人對此仍然需要有所對應，日本人今後的責任是，利用混合的文化轉化成世界性的文化，推動「世界文藝復興」。

現在，台灣、韓國等都走在同一條道路上，今後世界文化的主要舞台將移向東洋。

不能期待衝擊性的大變化

然而，中國仍然無法步上這條路，中國原本是有力量的，可惜被舊有的東西束縛著，固執於正統主義，不承認多樣性，因此沒有活力，我們不能期待中國內部或外部的衝擊性變化。

例如清朝征服中國之後，施行各種政策，但怎麼計算，當時只六十萬滿洲人是很難對一億的漢人產生化學反應的。英國的鴉片戰爭，只稍稍侵佔沿海附近地區，無力切斷中國人對過去的執著，無法注入文化新血；至於日本除當時對台灣及滿州的統治之外，因時間太短，幾乎不能對全中國產生影響。

由此證明，想刺激中國令其產生化學反應幾乎不可能，現在中國雖在導入外國技術，但是他們的想法仍然沒變。

假如勃發戰爭或許中國有機會變得像蘇聯一樣強大，但顯然現在不可能發生這種戰爭，只好安於現狀，當然也就產生不了強烈的反應能量。

近代，即鴉片戰爭以後，對英國、法國等帝國主義列強的侵略，中國以假死假眠的方式應付過去，雖有像義和團般的排外運動，但那是排拒西洋文化之下的產物，因此對中華思想未有任何撼搖作用，連小傷口都沒有，所以今後要讓中華思想消失是不可能的。

共產主義是獨善的，只注重個己的欲求，因此社會全體的力量無法收集，改革所需要的能源無法產生。被隔離在權力中樞之外的知識分子，只是被閒置著，對社會不能有所貢獻，誰也不想多管閒事，不在其位不謀其事是中國人的想法。

因此，若問爲什麼參加社會改革或經濟改革，那是因爲自己坐在一個不得不爲的職位上，若不是在那個位置上不搞也可以，所以不參加改革的，自己搞獨善自己的人仍佔大多數。

一切成空

沒有宗教，沒有理想，沒有未來，這是中國獨特的現象。沒有創意，沒有活力，沒有變化，這也是中國的現狀。現在的中國共產黨無論如何高唱改革進行曲，對一般人仍起不了作用。共產黨因爲是階級政黨，所以無法吸收全人民。她並不是全民的，只擢用特定階級的人，這些人是無法改變中國的，更不可能打破執著於過去數千年來總思考的中華思想。

因此，在論及共產主義時，我們不可忘記其有限性，中國的共產主義並非必然的產物。在中國的歷史過程中，不是因爲認識到非採共產主義不可而演變成的革命，完全可以說是偶然的產物。當時剛巧蘇聯共產黨力量極強，國民黨蔣介石政權極端腐敗，毛澤東勝利，共產主義國家登場，稱不上是歷史的必然性，共產主義者標舉的爲實現理想的準備仍未具備。

在新社會中，人人並不平等，既無民主主義也無自由。在此種環境之下，中華思想雖稍沒落，但很快地就恢復原狀。

終章

脫華論——對中國的建議

前面曾對中國及中華思想的各項問題，肆無忌憚的陳述意見，最後筆者將就今後的展望，對中國提出建議。

「華」、「夷」對立的構圖必須廢棄

首先，中國數千年來綿延不絕的「華」與「夷」對立構圖，引來世界混亂，無論如何應結束。中國數千年來，在此「華」與「夷」的對立世界觀中，中國本身的腐敗、混亂演成的災難，最後集中變成難民的方式，對周邊諸國、周邊諸民族疏散。「夷」反覆地遭受流民的重大衝擊，無奈地漢化或者強遭漢民族的同化，失去了文化上的認同，引起更嚴重的災難。

這就是在所謂「世界之冠」的中國文明陰影下，周邊諸民族不幸被視爲「夷」的破滅史。

舉個例子來說，像越南這二千年來，一直捲入漢民族的民族動亂，朝鮮也每每於中國王朝改變時，被迫做很大的改變。台灣也不例外，舉兩個例子來說，那即是鄭成功王朝與國民黨蔣介石政權的台灣統治。

前者爲明朝被淸朝取而代之後，支持明的鄭氏一族逃亡至台灣，將當時統治台灣的荷蘭人趕走，對台灣住民採取嚴格的治理，他們成立暫時政權與淸朝對抗。

後者是一九四五至四九年，被共產黨驅逐的國民黨，以難民的方式帶著武器逃到台灣，這對台灣造成極大的災難。一位英國的政治家曾說，聯軍在台灣投下的蔣介石國民黨政權所造成的災難，遠比在日本投下的二個原子彈的災難還大。這並不是說廣島和長崎所受的災難不大，而是因爲對台灣民衆投下的災害至今仍存在。

世界朝向與大一統相反的分離時代

現在世界正朝向分離的方向，如今也是多國家的時代，國家漸漸增多。中華思想最終是想把世界大一統爲中華帝國，但實際上國家卻愈來愈多。由統計來看，一八一八年的維也納會議當時，全世界只有二十幾個國家，至一九四五年，大約有七十個國家，於一百多年間增加約五十個國家。再看一九八八年的統計，全世界有一百七十幾個國家，單是進入聯合國的即有一六二個國家左右。

也就是在四十多年間約增加一百個國家，每年平均增加二·五國。一九八八年十一月，PLO宣佈巴基斯坦獨立。還有蘇屬波羅的海沿岸三小國愛斯多尼亞、拉多維亞和立陶宛相繼向蘇聯宣佈主權獨立，並在不久之後脫離蘇聯獨立。又具有獨立取向的台灣的「民主進步黨」也於一九八八年四月，宣佈台灣主權獨立。

由以上可知，今後的世界潮流是，有很多少數民族，將運用民族自決的權利爭取獨立。

察其原因，是因爲人民對國家的概念已有改變。此即國家爲社會共同體，爲全民維護人權，爲全民追求富裕作爲目標。不再像過去只追求國家的強盛，而是把國家的豐富以及人民的福祉等當做重點，和以族群爲國家單位的思考方式。如此一來，少數民族想以自族形成國家是極自然的。

此種傾向與用中華思想灌輸人民大一統思想剛好相反，導致中華思想更加普遍引起隣國的警戒。

鄰國擔心的不僅是武力衝突，萬一在政治強人死亡而導致中國崩潰，發生大混亂時，充斥於中國境內的流民突破邊界，不僅變成自國難解的問題，甚至影響鄰國的內政。

對於鄰國而言，中國的武力強盛令人憂心，可能直接受到中國的威脅，但中國若太弱，也有政情不安受波及的憂心。中國過弱時，難民向四方流竄，因此對中國不得不持有某種程度的警戒。

中國一直以中華思想輸出革命，令鄰國及少數民族，特別是東南亞諸國最爲擔心。中國與鄰國間的關係很難改善，一直處於「四面楚歌」狀態，周邊國家即使表面不說，背地裡都在暗罵中國。

帝國的崩潰與「脫帝國現象」

生物進化有「適當數法則」及「適當大小法則」，就如自然界有自然的法則般，社會現象也有社會的法則，這個「適當數法則」，成爲中國歷代「易姓革命」的動因。比如老鼠一旦過分繁殖以致密度太高時即會自行滅亡。至於「適當大小法則」則是說，過大的生物或建築會因無法獲取充分的食物或維持自重而絕種、而崩潰。像豆腐做不了特大號，恐龍因體積過大吃量太多，受不了自然變化而滅絕，兩者都是受到「適當大小法則」的限制。再者強大的帝國因爲過度擴大版圖，違反「適當大小法則」，民族問題等無法解決，即會出現破綻而滅亡。這種現象，可稱爲「脫帝國現象」。

例如脫離羅馬帝國以後，產生歐洲的拉丁系諸國。脫渥斯曼土耳其帝國的結果，產生了中東、北非、巴爾幹等三十幾個國家。印度的穆佳爾帝國及英國殖民地統治崩潰後，也產生印度、巴基斯坦、孟加拉三國。

察其原因，即是在統治民族之下，控制著各種民族，民族問題無法解決而勉強的統一，一定會導向崩潰。大一統思想是違反國家適當大小法則的，也是違反自然法則。中國也不能例外於這個法則，何況還違反「適當數法則」?·中華帝國現象，與蘇聯相同，只進行到一半。清帝國滅亡之後，產生了中國、朝鮮、越南、蒙古、西藏、維吾兒和台灣各個體。現在，脫帝國現象滯留於半途，其後將再度繼續進行，必然會走向第二階段、第三階段的「脫華」減肸現象。

不是脫亞論而是脫華論

在文化面上故人王育德(明治大學教授)曾提出「脫華論」，王氏由慶應大學的創始人福澤諭吉的「脫亞論」得到靈感，提出了脫華論。對於「脫亞論」，日本的知識分子，批評其輕視亞洲是一種錯誤的想法。其實，福澤氏的「脫亞論」，其內容即是「脫華」，也就是脫儒家思想。他因不願刺激中國而避諱使用「脫亞論」以致招來後世「輕亞」的指責。

戰後近二十年以來，日本知識分子回頭重視亞洲。這種現象與亞洲的嚴重現實問題無關，多半是屬於感情性的對亞洲讚歌，是一種明治維新「脫亞入歐」以後的「鄉愁式」或「衣錦回鄉式」的「回亞論」。在此我們不想談論此事。王氏的脫華論是由「脫亞論」延伸而來，但該說絕不是脫亞論。

被中國稱之爲「夷」的鄰國，爲防止華化（中國化）紛紛以脫華爲職志，其中最有力的手段即是創造獨自的民族文字，如此可防堵中國文化影響本國。

日本即創出假名，受中國文化影響很深的朝鮮也創造出韓文，因而得以防杜某種程度的文化中國化。越南也自創字喃，努力保護自國的文化，至於新加坡則寧可採用英話。數年前，台灣的新聞曾出現新加坡華語教師不足，想在台灣募集華語教師的消息，這意味著新加坡慢慢地進入脫華的範圍。

台灣因爲鄭王朝及蔣介石國民黨政權的統治，帶來極深的漢化。現在台灣因本土文化的發揚、經濟發展、政治改革、國際化及西洋化有極力壓低漢化的傾向，這些運動是在民衆的層次推展的。

台灣爲ＮＩＥＳ（亞洲新興工業國家）的一員，其經濟力因此受到世界的矚目，不僅如此，在政治上朝民主主義方向，目前已有極高的進展（當然，仍然有不充分之處）。在各政治經濟分野上的發展，不是由中華思想化身的國民黨政權所帶來，而是不受國民黨愚劣統治所昧化的台灣民衆努力的成果。

由脫華起步的NIES發展

最近，NIES諸國成爲日本的話題，爲甚麼在許多被稱爲「開發中國家」的各國中，只有這些國家在困難的國際經濟環境中持續發展？這引起世界各國的興趣。其中，有人把日本及NIES諸國定位爲儒教經濟圈，提出經濟發展是因爲儒教扮演積極角色的議論。對於此種看法，目前仍視孔子爲聖人的台灣及自認爲東方禮儀之邦的韓國而言，當然會表示贊同的意見，儒教本家的中國也對修正儒教論提出有好感的見解。

此種對儒教文化、中華思想一知半解的看法，我們可由下面的陳述充分反駁。

亞洲的經濟發展到底是由哪裡開始的？又是如何開始發展的呢？最初是由日本，其次是香港、新加坡、台灣、韓國。不可忽略的是，我們可由經濟發展是由其中經「脫華」而受儒教文化影響最輕的日本開始這點，以及目前仍堅持爲世界中心，受儒家思想咒縛最嚴重的中國，其經濟面仍然無法有所起步之點反駁無餘。

NIES諸國都曾經歷了殖民地或半殖民地狀態的不幸歷史，在英美及日本影響下得以有脫華的機會。

對異文化的需求；導入議會制民主主義(多黨政治)；由官僚資本主義蛻變；確立重視競爭及效率的合理化經營基盤的自由主義經濟；縮小幹部(官員)與大衆階級(身分)的差距，這些皆與儒教文化、中華思想絕對格格不入的。這些課題若不得實現，無論經濟或社會構造都不可能發展。不談這些問題的儒教肯定論，是一種不談本質的假學問。

中國本身的脫華之道——中國的民主主義與世界和平

最後，連中國本身都要脫華，筆者期待中國由中華思想的詛咒中解脫。因爲由脫華才得以與鄰國維持和平，才有共存共榮的可能性。在中國好不容易有民主主義及尊重人權之說，這要靠脫華才能生根。若不如此，民主主義也好，人權也好，永遠只是畫餅充飢。

所謂脫華是承認中國國內的民族平等和民族自決權，爲與他們和平共存，絕對有需要接觸。民族的自決不僅是對蒙古、西藏、維吾兒等位於國境的較大少數民族，而且對於雲南、貴州等與漢民族參雜居住的苗族、彝族的各少數民族也應承認。假如只是給予名目上的自治，但自治機構之要職仍大半由漢民族佔據，目前這種狀態如果繼續下去，則所謂共存共榮都是一種欺騙手段而已。

爲了要求脫華，必須有大膽實行改革的人物，對於戈巴契夫的評價或許言之過早，但歐美及日本對於有決斷力的戈巴契夫印象已固定。中國爲了本身的脫華，必須出現有魄力的領導者，及支持此領導者的民衆。

J028	台灣茶文化之旅	張明雄著／200元
J029	天地人神鬼	姑娘廟民衆文化工作室編／250元
J030	礦溪一完人：賴和	礦溪文化學會．李篤恭編／200元
J031	台籍老兵的血淚恨	許昭榮著／550元
J032	漂流者之夜	秋津信著／220元
J033	辛酸六十年(下)	鍾逸人著／420元
J034	台灣開發與族群	簡炯仁著／380元

■台灣風雲系列

W001	菅芒離土(郭倍宏傳奇)	林文義著／200元
W002	行出新台灣	王美雲編／150元
W003	台灣新憲法論	許世楷著／200元
W004	破繭的台灣	許陽明編／150元
W005	打開天窗說亮話(吳錦發論政治)	吳錦發著／200元
W006	建國路上死與生	陳婉眞等著／200元
W007	七論反對黨	朱養民著／160元
W008	府城觀察	楊澤泉著／150元
W009	陳婉眞和她的兄弟們	陳婉眞等著／300元
W010	囚室之春	施明德著／150元
W011	外省人台灣心	外獨會編／180元
W012	政客伸冤	桂菊陽著／150元
W013	海外遊子台獨夢	莊秋雄著／200元
W014	當前台灣獨立建國的課題	張德水著／120元
W015	永遠的戰士(郭倍宏、李應元土城書簡)	林又新編／280元
W016	定根台灣陳唐山	陳唐山著／150元
W017	台灣獨立黨回歸祖國	許世楷著／120元
W018	鐵窗筆墨	江蓋世著／200元
W019	安安靜靜很大聲	林雙不著／200元

中國人的眞面目

著　　者：連根藤
出 版 者：前衛出版社
地址／台北市和平東路一段200號10樓
電話／02-3650091
傳眞／02-3679041
郵撥／05625551前衛出版社
登記證／局版台業字第2746號
發 行 人：林文欽
法律顧問：謝長廷・汪紹銘律師
印 刷 所：松霖彩色印刷公司
出版日期：1993年6月初版第一刷
1995年7月初版第二刷
定　　價：170元　　ISBN：957-9512-74-4